「樺太・紙の記念館」にむけて

記　憶　を　歴　史　に

Kudou Nobuhiko
工藤信彦［著］
Matsuda Koh
松田 晃［編］

石風社

装幀　毛利一枝

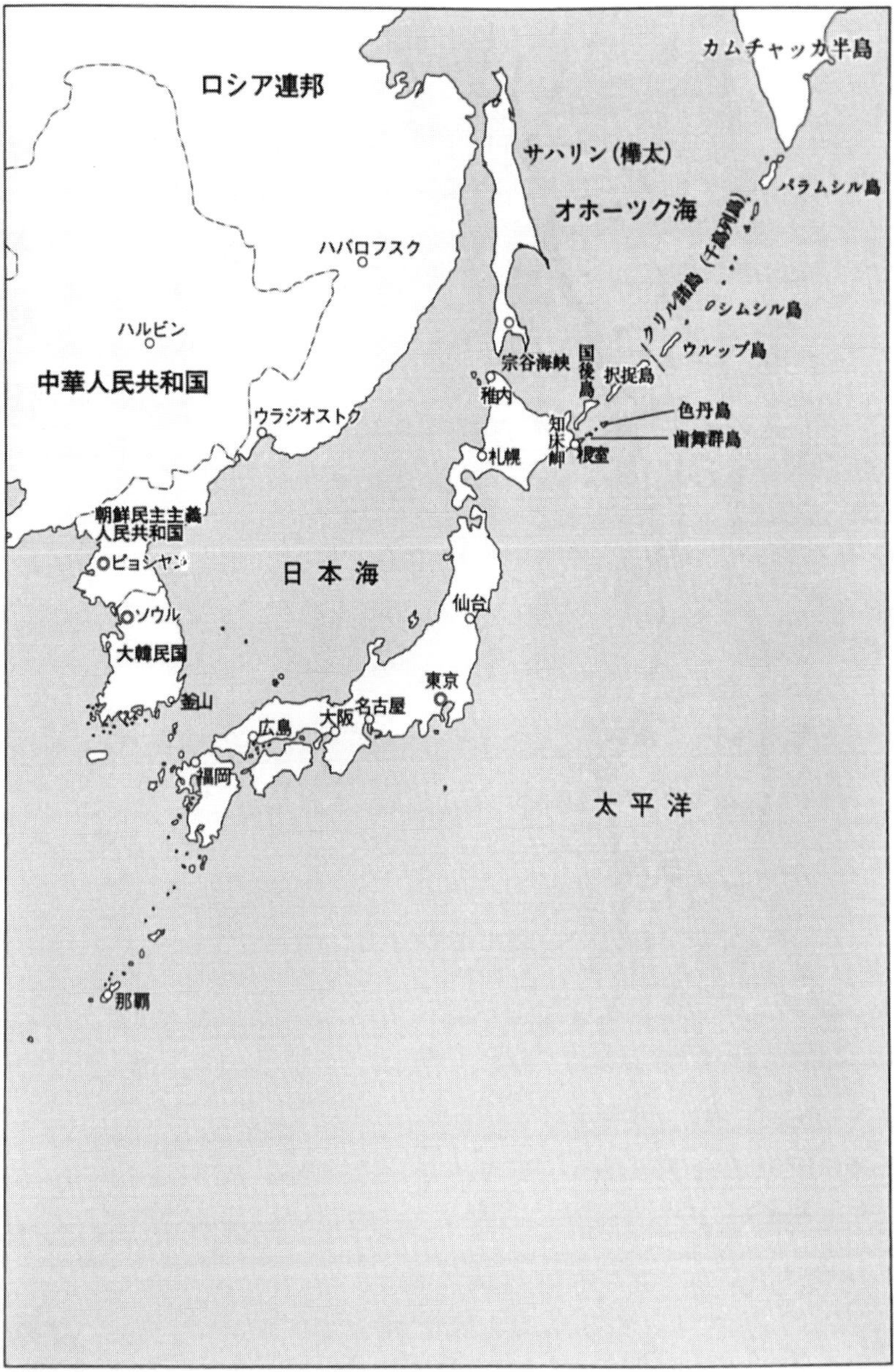

ロシア連邦
カムチャッカ半島
サハリン(樺太)
オホーツク海
パラムシル島
千島列島
クリル諸島
シムシル島
ウルップ島
ハバロフスク
ハルビン
中華人民共和国
宗谷海峡
国後島
択捉島
稚内
色丹島
歯舞群島
知床岬
根室
札幌
ウラジオストク
朝鮮民主主義人民共和国
ピョンヤン
日本海
ソウル
仙台
大韓民国
東京
釜山
名古屋
大阪
広島
福岡
太平洋
那覇

50°
安別
古屯
神威岳
浅瀬
気屯
沃内
保恵岳
武意加
西柵丹
千輪
名好
多来加湖
初問岳
敷香岳
北小沢
上敷香
用万
内川
塔路
大平
敷香
東多来加
野頃
散江
内路
恵須取
内恵道路
泊岸
北知床半島
新問山
上恵須取
釜伏山
新問
多来加湾
鵜城
知取
北知床岬
オホーツク海
来知志加湖
樫保
珍内
小田洲
元泊
馬群潭
登帆
突阻山
久春内
真縫
名寄
白浦
泊居
大栄
保呂
小田寒
追手
東海岸線
野田
白鳥湖
栄浜
内淵
小能登呂
落合
野寒
女ノ子山
大谷
川上
蘭泊
真岡
二股
豊真線
小沼
手井
鈴谷岳
逢坂
豊原
落帆
広地
愛郎岬
多蘭泊
鈴谷川
富内
大豊
豊栄
新場
本斗
留多加
貝塚
長浜湖
和愛湖
多蘭内
浜路
内幌
大泊
女麗
長浜
遠淵湖
南名好
雨竜
遠淵
弥満
泥川
宗仁
内砂
札塔
中知床半島
稚斗連絡船航路
稚泊連絡船航路
知志谷
白岩
白主
二丈岩
中知床岬
西能登呂岬
宗谷海峡
稚内
宗谷

樺太略図

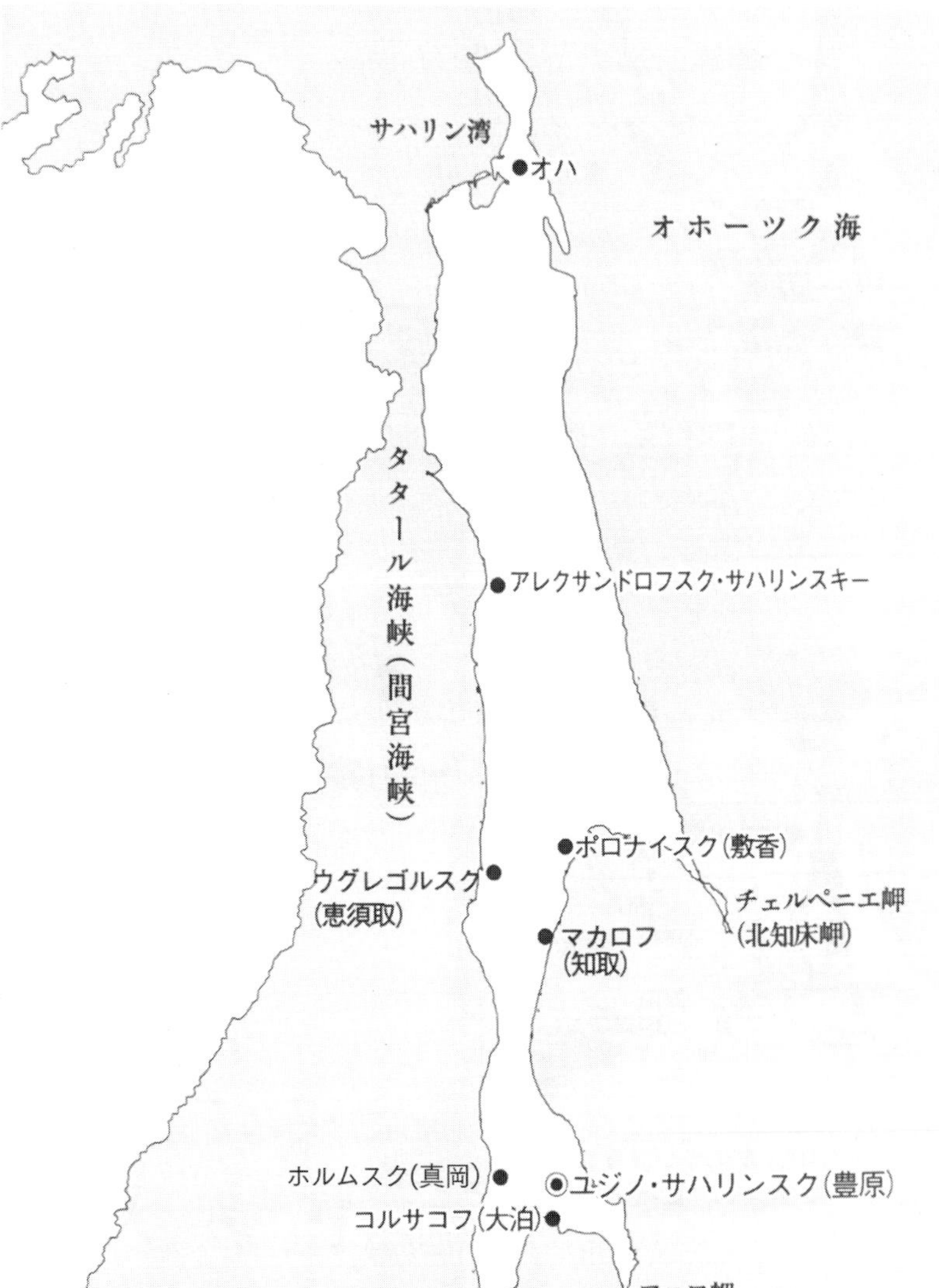

サハリン湾
オハ
オホーツク海
タタール海峡(間宮海峡)
アレクサンドロフスク・サハリンスキー
ポロナイスク(敷香)
ウグレゴルスク
(恵須取)
チェルペニエ岬
(北知床岬)
マカロフ
(知取)
ホルムスク(真岡)
ユジノ・サハリンスク(豊原)
コルサコフ(大泊)
アニワ岬
(中知床岬)
宗谷海峡
日本海

←(1)1855年の日魯通好条約に
基づく国境線

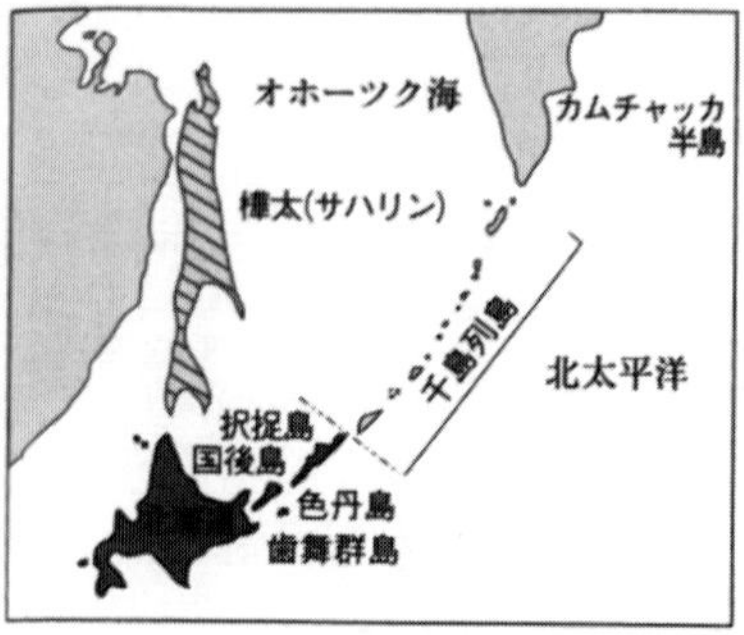

(2)1875年の樺太・千島交換
条約に基づく国境線→

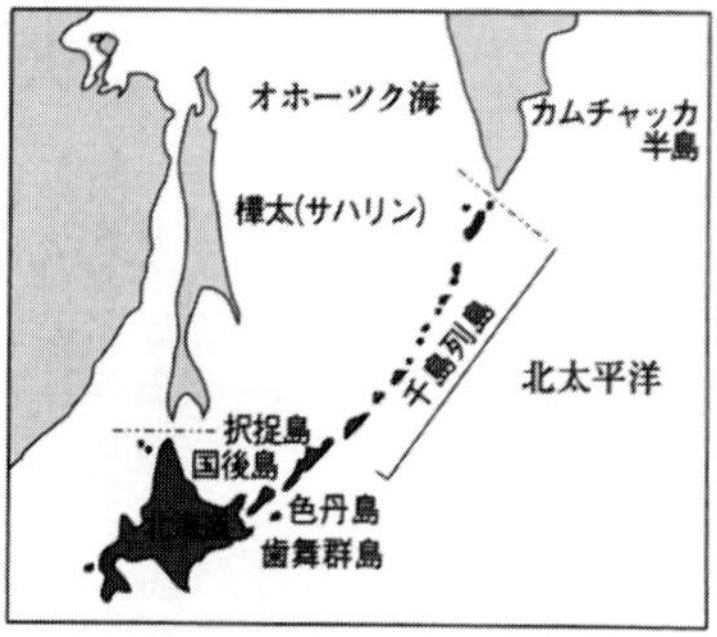

←(3)1905年のポーツマス条約に
基づく国境線

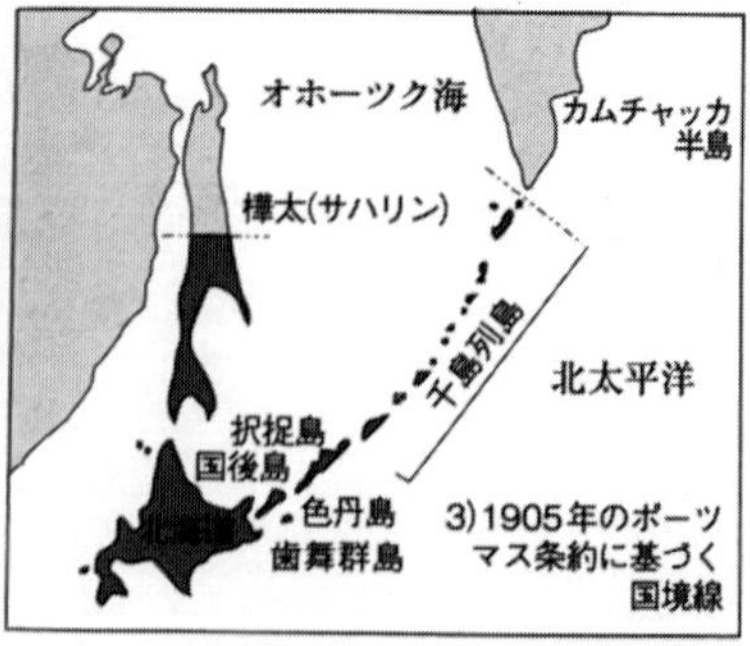

(4)1951年のサンフランシスコ
平和条約に基づく国境線→

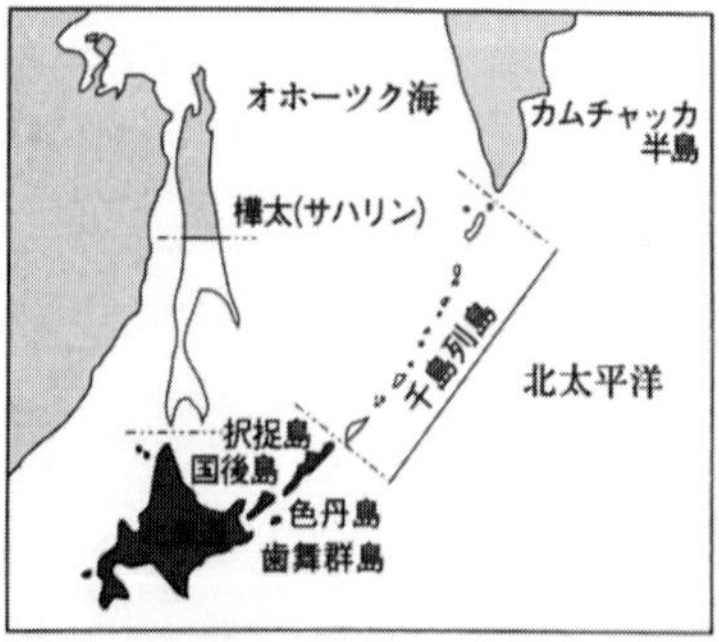

＊「われらの北方領土　2005年版」(外務省)参照

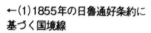

プロローグ

本書編集前記

本書は工藤信彦氏が全国樺太連盟の機関紙『樺連情報』において企画編集、執筆した記事を氏の「樺太・紙の記念館」構想に基づき再構成、収録したものである。

工藤氏は1930年樺太大泊町に生まれ、1945年緊急疎開により栃木県へ移住。北海道大学文学部を経て1954年から高校の国語教師となり、1992年に退職するまで国語教育に携わった。この間の成果については『職業としての「国語」教育』（2019年、石風社）にまとめられている。

その後1995年に全国樺太連盟に加入、1999年から2014年まで機関紙『樺連情報』の企画編集を担当し、また多くの記事を自ら執筆した。2008年に刊行された『わが内なる樺太――外地であり内地であった「植民地」をめぐって』（石風社）には、樺太の歴史を通して国家を問い続ける氏の思索が記されている。

全国樺太連盟（通称「樺太連盟」・「樺連」）は1948年に樺太引揚者の擁護厚生、相互扶助

を目的として結成された組織であり、会員数は最多6299名（1994年）、2021年に一般社団法人として解散するまで活動していた。その機関紙『樺連情報』は1948年12月に創刊（1号～56号（1953）までは『中央情報』）。タブロイド版4ページ・月刊を基本として、2021年3月の849号まで刊行されていた。

樺太連盟による樺太伝承の成果の一つとして、北海道「樺太関係資料館」（2004年開館）が挙げられる。工藤氏はこれに加え、樺太で生活した人々による「樺太の記録化」の必要性を説き、会員の投稿、企画記事を中心として『樺連情報』紙上に「樺太・紙の記念館」をつくり出す構想を、1999年の編集参画当初から提唱、推進した。氏が16年間にわたり執筆し編集した記事は莫大な数にのぼるが、その多くはこの「紙の記念館」構想の中に位置付けることができる。

『樺連情報』紙は創刊から縮刷版にまとめられ、国会図書館等で読むことができるが、今までこの「紙の記念館」に基づく記事の構造化、再録版は公刊されていない。

本書ではまず第一部「樺連情報全仕事」で氏の関わった記事と「紙の記念館」構想を概観、主要な記事を収録して記念館の骨子を再現する。第二部「余言抄」では氏の構想を読み解く補助線として、15年間毎月工藤氏が綴ったコラム「余言抄」を、また第三部「白塗りの地図」では氏が樺連情報の編集を退いて以降の論考を収録している。まずは、樺太で生活した人々による樺太の骨太な〈歴史〉として読み進めていただきたい。
併せて編者による解説として、工藤氏による「紙の記念館」と樺連による他二つの「記念館」について対比分析を試みる。「紙の記念館」を静的な資料の集積としてだけではなく、人々が集い演じる運動体として捉え直し、方法論の観点から今日的意義を探る。氏の仕事を読み解く一助となろう。

註：
・本書に翻刻した工藤信彦氏の文章（初出一覧参照）については、氏所有の版本を底本とした。なお、後述のとおり厳密な復刻は目的としていないため、文献資料として利用する場合は原本を確認されたい。また、初出の新聞記事としての性格上、文中の引用等を文献資料としたい場合は同様にその原本を確認されたい。
・明確な誤字などをのぞき、原則として文章は底本のとおり翻刻している。ただし、技術的な制約や構成の都合上、一部に省略、順序の入れ替えなどがある。
・図版・写真については可能な限り原本を再参照、収録した。また、表組を含め、書籍化の都合上レイアウト、トリミングなどを変更している。
・文語体については読みやすさを優先し、適宜口語体に改めている。
・翻刻誤り・誤植、およびプロローグ、各章編者コメント、解説、エピローグの文責は編者（松田）にある。

無いものについて――樺太小考

アルザスから

一九八七年の三月、一年間住んだアルザスを去るに当たって、アルザスの瘤と人が呼ぶ地域にある小村アルスキルヘンを訪れた。ここに、アルフォンス・ドーデの『最後の授業』のモデルとなったエコールがそのままあった。ドーデのこの作品は、敗戦後の日本人のナショナリズム高揚を意図した文部省の政策で教材化され、作品価値の高さもあって多くの人々の心に残ったものであったが、八〇年代に入ってからか、田中克彦らの提言などを契機にして、その歴史的認識の偏りが原因となり、教科書から消えた作品である。

この作品に接した私の感想は、アメル先生はアルザスを去ったが、少年は残る。私たち樺太の学校は、教師も生徒もその地を追われ、その校舎の跡形すら無い、と。歴史家の書物で、サハリンとアルザス・ロレーヌとのかかわりが問われていることを知るが、領土の交換という点では類似しても、樺太は総入れ替えの領土であったから、言葉や文字さえも奪われるなどの悲惨な事態を生じたアルザスとは、住民たちの住地に対する認識が、根本的に異なっている。アルザスの人々にとって、宗主が替わってもアルザスはアルザスであった。サハリンは樺太ではない。

わが国に初めてアルザスを紹介したフレデリック・オッフェの『アルザス文化論』は、私が帰国した八七年の七月に日本で出版されたが、その序章で、〈フランス人はアルザスを知らない〉と書いて私を驚かした。日本人は現在、樺太を知っているのであろうか。

関係性ということ

二〇〇四年の夏から、社団法人全国樺太連盟の要望で、北海道庁赤れんが庁舎二階の一室に、樺太関係資料館を置かせてもらっている。道庁の命名であるが、この〈関係〉という言辞がはたす役割は、今日の樺太を考える上でなかなか面白いと思っている。

樺太領有四〇年、壮年で終焉した樺太である。独自の文化を生み出す時間の余裕は無かったから、展示物の大方は、樺太で生活した人々の履歴を背負った個々人の記録でしかない。満州の引揚げや沖縄の戦史を省みる時、樺太は、四〇万人の日本の島民のほとんどが引揚げ、死者六〇〇〇人余。樺太は、この樺太関係資料館によって展示される私的な資料、僅かな証によってしか語り残されることが無い。こういう形で樺太は在り、そういう姿で樺太は終わりを遂げたということ。赤れんがの記念館が、こうして、関係性の枠の中でしかささやかに歴史を残せずにはいられないということを、人々はどう考えてくれるのであろうか。一冊の通史も無いことには、樺太生まれの私にも責任はある。

忘却について

先日、岩波ホールで、羽田澄子の「遥かなるふるさと 旅順・大連」を観た。日露戦争の旅順で祖父が戦死し、その家庭崩壊が遠因で父が樺太移住をしたこともあって、一人で観に行った。かつて住んでいた住宅はもとより、当時のままを残す町並みを訪れる羽田の表情の穏やかさが、この作品のすべてを語っていた。

先に私は、北海道立文学館の樺太の企画展図録に、「空に浮く島」と題して生地樺太の史的展望を記し、その終わりに、森崎和江の〈私に顔は無い〉を引き、幼なじみの住まぬ樺太には私の日本語の原郷も無いことを書いた。〈無い〉ということが、何を私に意味するかを問うて。

樺太は私にとって、国家に捨てられた生地であった。〈オ前ハ樺太ヲ忘レヨウト努メテル！〉と友人に喝破される人生を長く生きてきた。現在、たまたま樺太連盟の機関紙の編集に一人で携って、樺太を記録し歴史に残そうと努力している。一つ一つ記憶をたどり、忘却の海から掬い取るようにして、樺太の生活文化を言葉にしている。体験したことだから思い出すことは出来る。

知らない人に忘却は無い。思い出したくない記憶を持つ人こそが、美しく思い出を語る自由をもつ。とすると、〈忘れる〉ということもまた、それなりの意味をもつ人間の行為ということか。

沖縄の基地を置き去りにして、竹島や尖閣や北方領土を問うことにも、この忘却は機能しているのか。しかし、忘れてはならないことを忘れてはならないだろう。樺太は在った。国境無き植民地として。しかしそこに政府はすでに総領事館を置き、異国としている。町並みはすっかり様相を変え、私の知る風景は消えている。一体何が樺太を捨てたのか。樺太は忘れられていると人は言う。はたしてそうなのだろうか。

（2012年3月）

「樺太・紙の記念館」にむけて　記憶を歴史に◉目次

プロローグ

本書編集前記 02
無いものについて――樺太小考 05

樺連情報全仕事

――【グランドデザイン】 20
持続する勲章――六〇〇号の意味するもの
『樺連情報』史――エディターシップの視点から 28

――【樺太・紙の記念館】 51
A 日露戦争時の樺太占領と植民史
樺太拓殖策 53／蝦夷闔境輿地全図 61
「豊原市職業別明細図」（昭和13年7月刊）から 63／樺太の気象 66
B 近代樺太四十年間の生活文化
書棚に故郷を読むと 72／樺太日誌抄 81
C 敗戦による島民の引揚げ、以後のソ連・ロシアによる実効支配後の変化

曖昧がもたらすもの――「地図」の中の「樺太」について 85
D 外から見た樺太像
樺太ブックレビュー――活字の中の〈樺太〉を求めて 94
――【クロニクル】100
年譜・記事リスト 102

余言抄

余言抄（2000年1月～2014年11月）111

白塗りの地図

忘却の彼方へ 267／樺太の詩人 272
地上はシームレス　陸地に国境のない国に 274

解説

三つの記念館――運動方法論としての読み解き 278

エピローグ

著者あとがき 298
編者後記 301
初出・参考文献一覧 304

社団法人全国樺太連盟 元会長 稲原秀雄さんへ

「樺太・紙の記念館」にむけて　記憶を歴史に

樺連情報全仕事

編者コメント

本章では工藤信彦氏が樺太連盟の「情報」担当として、16年にわたりどのような構想を企図し実現していったか、その全体像を氏が企画・執筆した記事を中心に概観する。

まず、「グランドデザイン」と称し、氏が『樺連情報』紙の歴史と、その果たすべき役割についてまとめた論考を収録する。「持続する勲章」は2000年、氏が『樺連情報』に関わるようになった最初期に、600号記念特集として創刊号からの通読をもとに、同紙の歴史的変遷、位置付けを分析し、さらに目指すべき基本構想を示した記事である。「『樺連情報』史」は2011年、氏が中心となって編纂された『樺太連盟史』に所収された論考であり、十年以上の『樺連情報』紙編集で蓄積された知見をもとに改めて歴史的変遷と、氏自身の編集の企図をまとめている。この二つを比較することで、編集陣に加わる当初から氏がいかに明確に基本構想をイメージし、これを十余年に渡り着実に実現していったかが明らかとなる。

続いて、「『樺連情報』史」には氏の構想の柱となった「樺太・紙の記念館」について詳述されている。氏が同紙を退いてから現在まで、この「記念館」は一巻と成ることがなく、現在も更なる研究を待つ状態であるが、本書ではその取り組みの端緒として、氏の構想に従って改めて記事リストを「館内案内」と称して再構築するとともに、可能な記事を収録した。

この「紙の記念館」とともに氏が執筆・企画編集した記事は多岐に渡り、16年間で莫大な数・量を成している。本書では独自に調査したこれらの記事リストを「クロニクル」と称し収録している。前出の「グランドデザイン」、「紙の記念館」とあわせ、氏の「樺連情報全仕事」の一端に触れるものとして参照されたい。

——［グランドデザイン］

持続する勲章　——六〇〇号の意味するもの

在り続けること

六〇〇号——。初期の頃こそ、合併号があったり二ページ立てがあったりするが、五十年を超え、通してタブロイド版四ページを基本として刊行されてきたことは、大いなる仕事というほかない。今編集の任に在るのでわが事ながら、賞賛に価することだろう。歴代の編集子の労を、まずは多としたいと思う。

『樺連情報』の総体を省みるに当たって、「樺太終戦史年表」を開いてみる。「樺連」の設立が昭和二十三年四月二十二日、『樺連情報』の発刊が、その年の十二月十五日となっている。前後を見ると、二十二年の十二月に、総指令部が冬季間のソ連地区邦人引揚業務の休止命令を出し、翌年の同じ月には、同じく総指令部から、函館引揚援護局業務の休止指令が出ている。敗戦後すぐの強制疎開は、言わば大量難民の一斉流入であったろうか。正規の引揚げが海の凍結を理由に一呼吸が入って、国や地方の行政も、歴史上初めて登場したに等しい一般人の大量の引揚者の対応に受入れの入口だけであったろうが一応馴れた、その時点に、樺連が誕生し、「情報」も創刊されている。樺連設立の直前に、樺太庁残務整理事務所で、引揚者援護団体の設立発起人会が開催されている。

樺太庁の強制疎開命令によって、敗戦四日目には、有無を言わさぬ形で離島させられた私自身の体験からは、樺連にしろ「情報」にしろ関心の持ちようもなく、ただ戦争のもたらす理不尽な現実と立ち向かうだけであったのであるが、いまとなって振り返ると、距離をもって見ることが出来るようになっている。

創設に携わった樺太庁幹部を中心とした樺太一世の方たちの、自らも引揚者である立場にありつつ、あの動乱と混迷の中で樺連を立ち上げ、「情報」を発行し続けた活動は、その御努力は大変なものであったであろう。だがしかし、突然のソ連侵攻、突然の敗戦が、島民一般にとってのみの突然であったことが、外務省刊『終戦史録』をはじめとする多くの資料によって明らかになっている今日の時点で考えるならば、その〈突然〉を招いた樺太庁の行政の責任も、何がしかはあると言うべきであろうか。

〈引揚者〉という言葉自体が、日常社会ではほぼ死語となり、〈援護〉どころか、〈樺太〉という言葉さえ、学校教育の検定教科書の索引から、とうの昔に消えている現実の中で、いま改めて、樺連も「情報」も、そのあるべき姿が問われているとつくづく思う。五十余年をしぶとく生きてきたことは、何よりも得難い財産である。力強く存在し続けるための新しい方向づけが、この部厚い「情報」の歴史の上に待っているのである。まずそう思う。

型もまた

二十歳までに死ぬ人生、樺太時代の自分を思う時、何よりも確かな記憶はそのことであった。この年齢まで生きてきたことは不思議でしかない。と同時に、引揚げに続く朝鮮事変、安保、高度成長、バブルと、日本という国家自体の歴史が演じた動乱の姿が、すべて私の人生に深い影を落としていることを自覚する。六〇〇号になる「情報」をとおして何度も読みながら思うのは、その動乱がそこに無いということの不思議である。別な言い方をすれば、日本の戦後は、アメリカという国家とのかかわりを抜きにして、その歴史を語ることは出来ないのに、「情報」の長い時間、重い厚みの中に、アメリカが存在しないということである。

端的に言えば、樺連にかかわる樺太人において、時間というものがある瞬間に凍結しすべての思惟が、かの〈敗戦―引揚げ〉という過去の一点に向けて収斂しているということである。もちろんそこには、多くの樺太人の、樺太を愛し、非道にもソ連に奪われてしまったことに強く抗議し、かつての豊かな郷土としてあり続けてあって欲しかったという、何ものにも代えがたい思いの堆積があろう。遅まきながら私もまたその一人であるからこそ、こうして編集に携わっている。

しかし、そここそ原点であろうとは思うけれど、それだけではないように思える。その一つは、樺連という法人機関が、設立当初こそ、樺太引揚者の更生福祉に、拓銀預託の財産処理をはじめ、国家補償の手助けなど国家行政とのかかわりを含めた実務が山積みであったろう。だが日本の経済復興の急速な進展は、樺連創設からほぼ十年で生活の安定を生み、一気に高度成長の波を呼び寄せる時代になる。生活援助という現実の役割は機関として薄められ「情報」の紙面は一つは樺太人相互の交流の媒の場となり、一方では、引揚げねばならなかった歴史的な原因の追求、そして樺太時代の思い出や史実の記録の場となってゆく。一種の交友グループの同人誌的表貌を示すようになってゆく。しかも法人機関紙としてのリーダーシップの下にあることから、その主義思潮の点では単色にならざるをえぬリスクを背負うことになる。それは自然の成行きであったであろう。そこに、歴代の編集子たちのご苦労があったことは言うまでもない。

さらに思う。この、結果として歴史性を欠く軽やかな「情報」の表貌は、すでに創刊時の紙面構成にもうかがえる。

「創刊号」（本紙折込）の、外務政務次官のインタビューを一面トップに据えた紙面構成は、生活保護法の解説にしろ、引揚者、抑留者の声にしろ、樺太関係者の人名録にしろ、当時の会員たちの切羽詰まった生活状況に即応した、極めて時宜を得た情報によって作られていて、さすがプロの仕事と思わせる。続く二号からの内容を追うにつれ、当時の会員には待たれた「情報」であったのではなかろうか。その創刊時の、組織も定かではなく人もなく金もない苦闘の実情は、当時の編集長・木村誠氏によって三〇〇号に、「追想記」として詳述されている。

私はこんなことを考えている。そこで木村氏が書く〈大半は一人で書きなぐった〉という言葉のことである。創刊紙が一向に創刊紙らしくない、従来からあった紙面スタイルをそのまま見せているかのような日常性で感じるのは一つは、当時の全国紙『中央情報』の記者であった木村氏が題字もそのまま受け継いだということがあっただろう。題字が『樺連情報』となるのは、五七号、昭和二十九年の一月号からである。

木村氏は二八〇号までを担当されている。そこに読みとれるのは、何とも自在な紙面づくりである。窮余の策とはいえ、法人紙としてのかなり公的な使命もあろう機関紙としては、まことに型破りでほとんど様式も感じさせない個の奔放な編集ぶりは、一人の編集者として見る時、瞠目である。言うならば醍醐味である。そしてこの自在さは、私が携わる時まで続く伝統と言うべきだったのだろう。そしてその〈個〉の意味もまた、歴史の外に解き放たれる、大きな要因だったのだろうと思うのである。

眼の豊かさを

自在が開示する「情報」の載録について指摘しながら感想を記してみよう。

一〇〇号から四回に分けられて載った、沖島鎌三氏と佐々木時造氏、両氏による、軍政時代からの〈あの頃の樺太―想い出を語る〉という対談は、読み応えのある、樺連ならではの意味ある連載であった。しかし、以後「情報」は、思い出と主張で埋め尽くされていて、なぜか対話の世界が消えている。

私は、沖島・佐々木対談のような、相互の考証性を内在させることで、客観性や論理性を資料として位置づけうる記事が、多く乗せられてほしかったと思ったものである。

次の二氏によって記録された連載も、貴重な資料として読ませてもらった。一つは尾形雅邦氏が、昭和四十三年二月号からその年の十二月号まで連載した「樺太連盟史」であり、もう一つは、金子利信氏が、昭和四十七年の九月号から翌年の四月号まで記された「終戦私話」である。思い出を私情に即して記されるのも、大切な記録である。しかし、さまざまな事象を時系列視点で、事実を事実として記していく営みや、体験した得難いドラマを情に流されずにテーマを与えて記録していく作業は、どういう場合でも大切なはずである。これからも十分に心して書いていただきたい視点である。

そんな意味で西鶴定嘉氏が、四十八年の六月号から五十年十二月号まで記された、「からふと地名考」は、今日なお便利であろう。「方言考」など誰方か書かれてもいいはずである。

紙面の片隅に静かに載った「シリーズ記録」(六十年三月～六十二年十月)や「花に故郷を思う」(六十三年七月～平成四年六月)という、長井慧氏が記されたものらしい連載が、さりげないけれども、「情報」に得難い詩情を添えていて、巧みな樺太頌となっている。樺太の自然の厳しさは宮内寒彌や譲原昌子の小説などによって残されているけれども、前田河広一郎が『国境からふと』で早く指摘したように、散文として自然美が自由に記された歴史を持たない。

私などは、大泊と豊原しか知らないのだけれど、樺太の都市文化を描いた詩文はないのではなかろうか。記憶の薄れぬうちに書き残してもらいたいと願っているものである。

昨年七月号に、私の初の企画で「樺太が呼ぶ声」を載せてもらった。会費納入の振替の通信欄で、「樺太の二字を見ると、涙がこぼれます」という一文に接して、深い感動を覚えたからである。そうして、こうした声が樺連を支えてきたのであり、こうした人の心に届く紙面づくりを心掛けることが大切なのだということをしたたかに教えられたつもりでいる。その意味でも樺太人の情報を多く載せてゆくことは、「樺連」の必然の使命になろう。

三十一年五月の八三号から一六二号まで、延べ六十九人を紹介した「樺太二世」の連載は、企画としても十分楽しめ、頼もしい郷土感覚を呼び覚ましてくれた。支部長たちを紹介した、三十八年一月号からの連載、「縁の下の盤持ち」などはこれからも十分役立てたい企画として読ませてもらった。「樺太二世」で紹介された人々がどれだけ誌面で活躍されたかを確かめると、いささか淋しい。木匠顕一氏によって、四六八号から三回に渡って紹介された、志賀重昻氏の「樺太境界劃定日記」は、貴重すぎるほどの資料紹介として私をびっくりさせた。

日本財団の支援で、現常務理事稲原秀雄氏と理事矢野牧夫氏が、サハリン公文書館を訪れて調査し、五九〇号にその概要が載せられたが、ロシアとの新たな交流という方向性も、樺連の仕事として大きな意味を持つことを考える時、何度か記されている両氏の訪問は、上記の訪問交流記とともに、重要な記事の一つであると思う。

心して読めば、六〇〇号というこの「情報」の中に史録となりうる資料は数多く記されているだろう。その心する眼で〈樺太〉を読む集まりが、樺連における樺太人であったらいいと私などは願う。同じように心する眼で樺太を思い、後世の若い人々に〈樺太〉を残せるならば、「情報」が一つの樺太記念館となるだろう。そのためにも、多彩な書き手と豊かな話題が、自由な魂の風に導かれて記録されんことを。そう願うだけである。

（600号　2000年4月1日）

『樺連情報』史　――エディターシップの視点から

一、はしがき

月刊紙『樺連情報』は、現在七二五号を超えている。昭和二十三年（一九四八年）十二月十五日の創刊から、実に六十二年。タブロイド版四ページの現行版の形をほぼ踏襲してのこれまでの足跡は、法人機関紙としてはたいへんな偉業と言えるであろう。その五八三号までをまとめた「縮刷版」の資料的価値もまた、はかりしれないものがある。この「索引」が編まれたら、将来わが生地「樺太」を記し考究する仕事にどれほどの意義をもつか、刊行が期待される。それは言うまでもなく、戦後六十五年、樺太が一冊の通史も編まれなかった不幸や、また、昭和十七年二月から発行した「樺太新聞」が全く残っていないために、自分史類を除けば、樺太の生活文化の実態を記す資料としては、この『樺連情報』（以下通称の「情報」と記す）以外に、樺太の日常を読みとる資料がほとんどないことがある。

「情報」刊行の目的は、創刊号に時の会長白井八州雄氏が次のように記していて、その性格が示される。

ここに事業の一つとして機関紙中央情報を発刊致し、樺太関係者の相互連絡に寄与し、併せて樺太引揚同胞の総意を中外に闡明することと相成った次第であります。

「情報」の紙名が初め「中央情報」でスタートし、昭和二十九年の一月号（五七号）から「樺連情報」となった経緯については、後で紹介する。しかしながら、発行母体の樺太連盟の社団法人の認可が、昭和二十四年、つまり「情報」発行の翌年の九月十五日であるという事情があり、連盟自体が法人としての活動を形あるものとして具体的に機能させていない状況での刊行であった。後に示す初代編集長の木村誠氏が述懐するように、目的はあっても方針一つ確かでない中でのスタート。別の言い方をすれば、情報の必要性こそが樺太連盟そのものの活動を意味することになったのではなかったか。記事の内容や紙面の体裁云々より先に、連盟を立ち上げた理事たち自身の引揚げ者としての切実感が、「情報」を必要としていた会員たちの要望と相まって、共に緊張につつまれ、自らの必要性の中に「情報」が編集刊行されていったことが、初期の「情報」からは十分読みとれる。つまるところ、白井会長の主旨にある「情報」の役割が、そこに果されていたと見てよかろう。機関紙でありつつ情報がつねに全面に重視されてきた特色をもつ。

連盟会員による情報主体の機関紙であった以上、この「情報」の歴史を記録することは自ずから、連盟史を読みとく仕事と重なる側面をもつ。しかしその仕事は私の任ではない。平成十一年三月から編集に参加して、さらにこの七年間は、相棒藤上克之氏の急逝によって一人で編集に当たってきた。エディターの視点から読む「情報」の歩みを、ここで記しておこうと思う。
六十二年に及ぶ「情報」を史的区分するのは困難なことではあるが、次の三期に分けて状態を整理してみよう。
第一期　草創の時──引揚げ者の生活現実に即して──
第二期　同郷紙らしく──回想と主張に満ちて──
第三期　紙の記念館として──「記憶」から「記録」へ──

二、第一期　草創の時──引揚げ者の生活現実に即して

樺太からの引揚げ者の生活援助を第一の目的とし、自らも引揚げ者である会員によって創設された樺太連盟が、運営する側も期待する側も待った無しの必死の生活感が根底にあっての、『樺連情報』の発行であったことは、先に触れた通りである。当時強制疎開者として内地に引揚げて、生活の日常に四苦八苦する状態にあった私には、少年でもあって知る間もなかったにしろ、紙面が語るその緊迫感は、いま十分に伝わってくる。よくもこの混沌の中で「情報」創刊がなされたものよ、と思う。〈三、四年は全くいばらの道だった。連盟に全く財源がなかったのである〉〈ほとんど支部が出来ておらず、有料読者をかくとくするためには発行経費以上の経費を投じなけ

ればならぬという状況は久しく続いたのである〉と、創刊発起人の安田長十郎氏は述懐している。

さっそく木村誠氏の「追想記」を次ぎに紹介しよう。三〇〇号に掲載された全文である。

〝樺連情報〟の神代時代（追想記）

木村　誠

苦労した初期のころ

樺連情報が三百号を迎えたので何か想い出を書け、という注文である。何しろ昭和二十三年に連盟ができて、その暮れに第一号を出してから満二十六年間に三百号だから、ほんとうは三百十四号でなければ計算が合わないのだが、これには「わけ」がある。つまり、印刷代も人件費もなくて、初期のころ十四回も休刊したことである。

たとえば、十二月号を休み、一月号と合併号として八頁建てとし、三分の二は記事。三分の一は賛助広告を掲載して資金づくりをしたこともある。いまは毎年新年号に広告をお願いして当り前みたいになったが、当時（昭和三十年ころまで）は樺太関係者はみんな食うのが忙がしくて広告どころではなかったから容易ではなかった。

丹芳治郎さんが王子三社に頭を下げて二千円ずつ広告料をもらい、松村幸七さんが川島悌一氏の神田の「酒蔵店」、森山久吉氏の渋谷の「旅館」、宮沢清徳氏の上野の「模型店」、大橋貫一氏の本所の「石油代理店」、橋本丈太郎氏の上野の「旅館」などの賛助をとりつけたり、初代会長白井八州雄さんも一柳直一、飯田政雄両氏の協力で広告集めをしてくれた。

私自身も、神田駅前で支那ソバ屋をしていた奥山欣爾さんの「ピンポン」を訪ねて、一時間近くも待たされて二百円の広告をもらったことがある。一時間近くも待たされたというのは、当時奥山さんは、自分で焼きソバをつくったりしていて、お客が立てこんでいたからである。

はじめは「中央情報」

この樺連情報は、創刊当時は、「中央情報」といった。菱沼シャモさんの中央情報が樺太衆に好評だったので、それを拝借したわけで、創刊の発起人は安田長一郎（現美唄支部長）、太宰俊夫（元樺太庁通訳）の両氏である。資金係は松村幸七（樺太庁東京事務所庶務課長・初代常務理事）、発行人は丹芳治郎（元樺太庁支庁長）のご両人、取材と整理は私が指名された。

さて創刊号に、外務省竹内鶴代政務次官との対談や連盟の定款、引揚げ婦女子の手配などをのせていまと同じタブロイド版四頁を二千部印刷したが、困ったことに発送先がわからないのが多かった。引揚者の住居が一定しないで転々としていたころだから、あちこちに問い合わせてから送る始末だった。

ようやく千五百人ばかり発送して、しばらくすると約百二、三十人の分が転居先不明で返ったこともある。

「樺連情報」になったのは大津会長時代の昭和二十九年からである。

終戦直後の取材活動

終戦のあと、樺太庁東京事務所では、道内各地に緊急避難した婦女子の実態をつかむため、十月二十二日札幌へ視察団を派遣した。一行は蜂須賀芳太郎所長、伊藤憲助（樺太鉱業常務・樺太協会理事）青木正雄（樫保炭鉱社長・同）と私の四人である。このとき樺太協会の資金の中から十万円携行し、これを赤レンガの中にあった樺太庁札幌出張所の藤田勇所長に手渡した。援護資金として活用してもらうためである。

そこには婦女子対策のため終戦直後の八月十六、七日に樺太庁から派遣された猿渡総務課長、小枝慎一、三井清英、三浦清一のみなさんが勤務して、仕事の上で藤田所長と鋭どい対立をしていたものだ。

私は樺太協会の嘱託として翌二十三日から、札幌市内の新善光寺（46名）三条支院（60名）中央寺（82名）新栄寺（１０２名）西本願寺（１２６名）高田別院（１２４名）をはじめ、岩見沢市の願王寺（１８２名）天理教（18名）妙心寺（15名）市立病院（21名）禅同寺（60名）太子堂（59名）明了寺（１６９名）その他王子航空機江別工場収容者、倶知安町の無縁故者対策の状況などを取材して、記録第一号をとりまとめた。

ことに十月二十四日、道央地区に初雪が降って寒かった。どのお寺でも婦女子たちは本堂に荷物を並べ、その横にそれぞれ寝そべって不安な顔をしていたのを、いまでも忘れない。本堂を埋めつくした婦女子のなかには、生活のため街の清掃作業に出かけたいが、下駄もズック靴もないから、とこぼす人もいたし、子供を寝かせつけておいて、夜街頭に立っているという噂の婦人も何人か聞いたが、全く気の毒な姿だったことを思い出す。

そうした緊急疎開の婦女子たちは、その後どうしているだろうか、みんな悪夢を忘れて元気でやっているだろうか、とフト考えることがある。

ＮＨＫからラジオ放送

私は翌二十一年一月に、こんどは外務省の在外同胞援護会（江口親憲理事・元樺太庁内務部長）の依嘱をうけて、こんどは終戦と同時に脱出した人や、ソ連軍統治下に密航に成功した人たちの口から残留同胞と南樺太の実態を伺うために再び渡道した。これは記録第二号としてとりまとめ、資料として保存している。

この二十一年二月に援護院の肝入りで財団法人引揚者更生連盟が設立され、銀座教会に事務所を置いた。中支、満州、朝鮮、香港、樺太の代表が理事となり、会長に同志社大学教授だった生江孝之氏、理事長に台湾日日の社長河村徹氏（共にキリスト教の大家）を推せんされた。運営資金は満鉄の在日機関から寄付をうけたのである。

そして三月のはじめ、引揚者に対する国民の理解と協力を得べくＮＨＫの好意でラジオ放送で呼びかけることになった。中支、朝鮮、樺太の三代表が五分間ずつ録音マイクの前に立った。私は前記の記録を中心に、とくに婦女子の窮状を訴えた。この録音は三月十二日午後九時から全国に放送された。

このとき貰った放送料は額面五十円だが、税三円引きの四十七円だった。

紙面作りにも変化

長々と手前味噌を並べたが、要するに記事が少なかったから、その後の「情報」に、そうしたことも機会を見ては掲載して紙面づくりをしたことをいいたかったからである。

いまのように支部や同窓会や部落会がなかったから、大半は一人で書きなぐった。

一方、いつまでも小づかいていどで奉仕しているわけにもいかないから、昭和二十五年から都民新聞、観光新聞のほか二十七年六月から自衛隊の新聞「朝雲」をやりながら手伝っているうちに、金子さんが常務理事になって、半分近くは金子情報になって大助かりだった。

金子情報は、一部には批判もあった。座って書く原稿はどうしても味がないし、何かの書き直しみたいになる。おまけに昔の樺太時代の観念でモノを見るからズレが出てくる。

とはいっても、金子さんならでは、の樺太についての博識ぶりは大したものだった。人を知り、島内を知り、移り変りを知っている点では随一の生き字引きであった。

そして、そのころからだんだん美唄支部を筆頭に地方からの通信がふえていって紙面に変化が出てきた。つまり、初期の引揚者を中心にした更生と援護の記事から、樺太関係者の親睦と結びつきの記事へと変った。これからは、ふるさと返還運動と文化活動に力点をおいた紙面づくりが加味される必要があるのではないか。

お願いしたいこと

ただ残念なことは、創刊当時もいまも、タブ四頁建ての原則みたいなものがあって、部数も三千部ていど頭打ちになっているということだ。あの「無」からはじまって樺連の神代時代から見て「情報」そのものは大して飛躍したとは思われない。これは機関紙に対する熱意の薄いことを証明している。

いい紙面には、いい記事と興味をそそぐに足る整理技術が必要である。そしてそのためには取材費と稿料を必要とする。

樺連の生命線は「情報」だと思う。ストレートな記事ばかりでなく会員の意見、随想、評論、提言、職場紹介、人物紹介など視野をひろげ、紙面をひろげて生命線に活気を注いでほしいと思っている。（以上）

＊　＊　＊

次に、創刊号から第五号までの、一面記事の主な標題を挙げて、当時の「情報」の表情を紹介しよう。

第一号（巻頭）対談　外務政務次官　近藤女史に聴く――抑留同胞、いつ帰る？問題の多い樺太引揚者

○引揚者の手引き――お困りの方は利用して下さい　生活保護法（解説）

第二号（巻頭）空前民族の大移動　援護は平等に　政府　引揚施策を明示

○録音　残留同胞の促進決議案　両院で可決　ソ連地区同胞　また引揚げ中断

○簡易宿泊所を開設致しました、どうぞ御利用下さい　場所　港区麻布飯倉片町十二番地　連盟本部内

第三号（巻頭）在ソ抑留者や家族の援護を一段と強化す　未復員者と同様に　未帰還者給与法成る

○特別未帰還者給与法（骨子）

○本連盟会務報告

○在外邦人引揚者総数及残留数（連合軍総司令部発表一九四八年一二月分）　外務省管理局引揚渡航課（表）

第四号（巻頭）帰農対象一万二千戸　成績の良い樺太同胞　関係者より　理解と協力示せ　現地に聴く（座談会）
○未開発漁田開発　北海に挑む引揚者たち
○録音　引揚失業者卅六万八千人

第五号（巻頭）さあ・今年こそは　一人残らず帰しましょう　受入れ施設は整った　船の準備も出来た　輸送力は月廿万人　万端・祖国の心尽し
○引揚げ相談　後続同胞のために――樺太庁残務整理事務所世話課（に聴く）　拓銀の預金簡易保険　振替口座は　振替貯金は　戸籍のこと　特別未帰還者の給与法
○本紙を後続同胞に配布（毎月五千部程度を出版、函館、舞鶴両引揚援護局の協力で無料配布或いは回覧に供することに）

樺太連盟創設期の諸活動の目的意図が、この一面記事によっても明らかで、引揚げ者の生活援護のための情報提供の役割りの重みがひしひしと伝わる紙面づくりになっている。そして一号には、次のような囲み記事を中に、「樺太関係者人名録」（現住所・勤務先）が、一面の半分をとり、一一七人の氏名が掲載され、以後毎号載っている。

皆様にお願い
樺太関係者の住所録を毎号掲載致します。出来るだけ多くの方々に利用して頂くためにそしてお互いに引揚げ後の連絡をはかるためにも引揚げ後の皆様の知人その他の住所を御存じの場合は本連盟まで現在何をしておられるかを記入して下されば幸甚です。(係)

また、「引揚者の声」を設け預金や戸籍などの質問を載せ、一つ一つに丁寧な〈答〉を対応させているのも創刊号からの記事である。その解答は、〈樺太庁残務整理事務所世話課ならびに本連盟援護課担当〉が当たったことが、二号の記事に記されている。引揚げ者一人一人の顔が浮かんでくるような紙面になっていることが強く印象に残る。

三、第二期　同郷紙らしく　――回想と主張に満ちて

引揚げ者の生活援助を必要としての、行政の情報や引揚げ者相互の動静の報告などを中心とした、緊迫した紙面の状況は、戦後日本の急速な復興の歩みとともに薄れてゆく。「情報」の紙面から見る変化をどの部分で区切るかは困難であるが、記事の話題性の変化に即して注目すると、ほぼ昭和三十年頃からと見てとれる。

在外資産の補償要求に応じた、拓銀預金の払戻しの情報記事が集中していた中で、昭和二十九年の七月号に、全樺連北海道大会の南樺太返還要求決議の記事が登場し、三十年三月、七十号に、返還期成同盟案の長老会議での審議が報じられ、四月二十四日の返還期成大会開催が七十二号で報告されている。しかし、この返還運動は以後しばらく報じられていない。けれども、この七一号、七二号に西嶋定嘉氏と大津敏夫会長によって「樺太史概要」と題する樺太の史的展望が各一面の半分を費して記事化されていて、ここまでの紙面の流れからみると、引揚げ者の生活現実から一歩離れた視点で樺太をとらえ始めていることがうかがえる。その意味で、以下、この南樺太返還要求という大テーマに即した樺連の活動、したがって「情報」の紙面上の構成を含めた新らしい動きは、この辺から第二期に入ったと見てとれるように思う。この流れは、やがて樺太記念館の設立へと連盟活動が動き出すまでの、実に長い間、続いてゆく。

全紙面を通して読みとれることとして、連盟自体の事業活動が、引揚げ者の生活援助という、当面する現実課題を必要としなくなると、連盟を維持するための組織の充実や会館の確保、会員相互の交流の促進が図られるようになり、これと同時に、敗戦によって喪失した故郷樺太に対する領土返還要求の動きが、政府の北方領土返還への動きに連動して一つの活動目的になってゆく。さらに、ソ連の解体に伴うサハリン島渡航可能の訪れと共に、回想・訪問記が盛んになり、樺太史への関心も記事になってゆく。編集方針の検討や明示が一度もなされた形跡がないから、時々の編集担当者の意図と、連盟活動の推移に基づいて、紙面の表情が変化している。

その、自在さが「情報」の特長であり、同時にそこに、途切れることなく今日まで続くコツも存在していた、とも言えよう。

全体を通して紙面に重く、強くその活動が記事化され、「情報」を特長づけるのは、やはり、「南樺太返還期成同盟」の動向であり、佐々木時造、西嶋定嘉、小島定吉、そして渡辺国武といった人たちの精力的な文章による熱い訴えであろう。樺太引揚げ者たちの、ソ連・ロシアの横暴によって喪われた樺太への解消しようのない望郷の想いの、大きな寄り所としての役割を「情報」が果たしてきたことの証明と言える。

しかし、社団法人として政治的課題を事業目的とはなしえない法的規制の中でのこの活動には、自ずからの抑制もあったのであろうし、それと同時に、北方領土返還運動とは一線を画さねばならぬ日本政府の外交姿勢も、結局は、この活動が外への広がりをもちえないままに進行していった嫌いは止むをえなかったのであろう。この間、連盟としても、年間二百万円を計上しながらのこの活動は、会員外の政治家や学者たちの寄稿をもたらすこともないままに、会員自体の記事で通したことに、この活動の一つの特色がうかがえる。同郷紙と評する由縁である。そこに、内なる者同士の結束ということも、成果を生んでいったことはある。

「情報」七〇〇〇余号を通しての最大の特色は、やはり会員相互の情報の交流の記録である。六〇〇号記念として書かせられた、私の、「持続する勲章」の一文でも指摘してあるが、「情報」が通して方針としている編集は、ダイアローグ（対話）を欠く、モノローグ（独話）の過剰である。学校法人にあって、エディターを長く経験してきた者の眼には、法人の機関紙というイメージとは異なる思いが強くある。個の発語を重視し、個人の動向に関心をもち、やがてこれは、支部や協調団体の会合報告の盛会へと展開してゆく。その根底にあるのは、郷土愛であろう。その特徴は、紙面専有率を調べると歴然である。

第二期に特徴づけられる企画に触れてみよう。一つは昭和三十一年五月、八三号から三十八年七月の一六二号まで、実に六十九回連載された「からふと二世」という囲みコラムである。顔写真入りで、七〇〇字程度のコンパクトな樺太人の紹介であるが、達者な文章で読み応えがあった。社会で活躍している樺太二世のエリートの紹介という側面をもつ。一方で、時には中一面の紙面全部を使うこともある「会員通信」。嚆矢は昭和三十一年の五月、八三号の「会員だより」からであるが、以後、さまざまにタイトルを変えつつ、昭和五十二年五月、三二五号に至るまで、会員の短信が特集の形で毎号掲載されているのも、「情報」の大きな顔であったろう。もちろん、尋ね人も含め、創刊当時からの「情報」の大きな目的の表われであるが、この個人紹介は、昭和五十年の三〇〇号あたりから、支部や協調団体、あるいは学校単位の集会報告の形で、集会写真を含めて同郷人の結束の集団という様相を強く打ち出してゆくことにつながっている。

しかし、この二つの記事を通して考えさせられるのは、「からふと二世」に紹介される各界の著名人が、単なる紹介に終わっていて、たとえば、南樺太返還という連盟の運動の上にどうかかわってきたかの形跡はほとんど記されていないし、集会のエネルギーが連盟活動にどのようなインパクトを与えているかの痕跡も、「情報」紙面に記されることはない。それが、編集上の意図なのかどうかが語られることもない。書き手への転換の大きなきっかけとなったろうにと私に思えて残念である。

西嶋定嘉氏の「からふと地名考」や小島定吉氏の「樺太終戦の真相」、尾形雅邦氏の「樺太連盟史」といった連載は極めて貴重な労作であるし、渡辺国武氏の南樺太返還に伴う多くの論稿は、樺太連盟史の記録としての史的資料として大なる価値をもつ。エディターの私の眼には、第一期から書き継がれる、金子利信氏の「江戸川雑記」や「飯倉だより」といったコラム風の自在な文章群の中にこそ、「情報」の立ち位置も示されていたように見るが、今日ではその自由は無理である。

四、第三期　紙の記念館として　――「記憶」から「記録」へ

1、機関紙としての整備

何時からという区分けはむずかしいが、樺連活動の必然の動きに応じて、樺太記念館志向が

顕著になり、「情報」も自ずから、個々の回想よりも、樺太を歴史の観点から眺めて、資料を重視し、後世に樺太を残そうという方向に傾いていったということはある。記念館がモノに即す以上、「情報」は、活字によって樺太を史的対象として扱う重要な場となろう。私が六七〇号から、〈紙の樺太記念館〉と称してみたのも、その平凡な視点である。これを第三期と括ってみる。

　同郷人の同人紙的色彩からの脱皮が意図され、公益法人の機関紙という役割りが全面に出て編集がなされるようになったのは、稲原秀雄氏が常務理事の時、高山保雄氏が編集者となってからで、その検討が紙面に報じられたのは、平成八年二月、五五〇号の「広報資料委員会報告」だろう。以後、編集担当は、木匠顕一氏、藤上克之氏と受け継がれ、六四九号から今日まで工藤信彦が一人で編集をしている。

　右の「報告」が報じる編集の基本方針は、①機関紙と情報紙の中間で編集すること、②常務理事、事務局長、編集担当の三者協議によって原稿掲載を決めていること、③集いの原稿のパターン化と長文化に規準を設ける必要のあること、④死亡広告欄を設けること、⑤「支部だより」欄の設置。そしてトータルな課題として、〈読みやすく見やすく、親しみやすさをモットーに〉と記している。

　この方針は以後今日まで踏襲され、時の担当者によって少しずつ整備充実の努力がされてきた。平成十一年十二月、五九六号の広報資料委員会報告で、私は次のように記している。

＊　＊　＊

編集担当者から、資料に基づく「情報のあり方」が説明された。まず、「編集方針」三項目が示される。

1、紙面の充実と、新しい執筆者、読者層の開拓

2、紙面構成の整備

3、個人の体験記録に加え、「樺太」の記録化を意図した文章の掲載

一般的な新聞のイメージに合わせた紙面整備と、記念館設立という連盟事業に即した、歴史的観点に基づく文章の必要性が指摘される。戦後の個人的体験の重要性に加え、伸びゆく楽土であった樺太の姿を記録してゆくことで、樺太を後世に残す役割りが指摘され、若手の読者層からの、明るい内容の文章への要請のあることも紹介される。

さらに、読者の読み易さと、後世の資料検索の便宜を考慮した、新体制以後の次のような紙面上の交通整理が報告される。

第一面は連盟の活動報告およびその記録

第二面は連盟の活動記録や投稿文と企画もの

第三面は集会報告や投稿文、あるいは会員の声

第四面は会員の動静や集会案内と連盟の記録

次に、「紙面の充実と企画」ということで、左の三点が話題とされた。

1、第一面のトップ記事の定着化
2、企画記事や依頼原稿の導入
3、投稿や集会報告の規定の徹底

第一は樺連の顔になるトップ記事の定着化（連盟行事の活動記録）が、見出しのテーマ化とともに、工夫の要ることとして示される。

第二は、企画を加えた依頼原稿による紙面の充実である。それにはすでに決められてきた支部や協調団体の活動報告の実現と、新たに理事コラムの新設が提案され、了承される。（中略）

そのほかに、文化のレベルも高かった樺太の諸分野の活動史を、コンパクトに紹介する文章のことや、樺太出身の若い世代の心に故郷を呼び戻すための必要性などが、話題となる。

＊＊＊

会員の高齢化の急速度の進行に基づく投稿原稿の減少が顕著になるにつれ、単に投稿を待つことでは原稿が揃わぬ事態の予測と、もう一つは、樺太連盟としての法人活動の多様化がなされなければ、機関紙としての充実も図れないという課題に即した編集方針の確認が、前記の広報資料委員会での編集担当となった私からの提案であり、その検討であった。

以後、当時の稲原会長の方針で、法人機関紙として、理事会、各委員会の審議状況などをていねいに会員に報告する方向が重視される一方で、新聞としては、活動テーマの一元化に伴う（記念館の設立）記事の単純化と、さらに近年は、それに見合う形としての、事務局側の課題、特に一面記事の議事録の丸投げの記事化の問題が生じ、読みやすく親しみやすい「情報」とはなかなかならない点が、今日なお抱えている大きい課題となっている。

もう一つの課題は、投稿原稿の片寄りである。真岡の悲劇に話題が集中していて、樺太全般に渡る話題の記事が掲載出来ない。それと、投稿原稿は、往々にして回想が主となり個人的感想の文章が多く、樺太を記録する資料としては偏りが生じる。会員の同人誌とはしたくない公益法人の機関紙の宿命の中で、その課題の解決への模索がつねにあるのも実情である。

2、樺太の記録化

戦後六十余年、わが生地樺太は、不幸なことに一冊の通史も書かれてない。もちろん、樺太連盟が刊行した『樺太沿革・行政史』『樺太終戦史』の二著はかけがえのない記録集である。尾形雅邦・金子俊男両氏の労作であるが、前者は官製風の行政資料重視の記録集であり、後者は時期を限ったルポルタージュであって、史観に基づく歴史書とは言えない。西鶴定嘉著『樺太の栞』は、近代前期を含め、資料的価値は高いものの、皇国史観に基づく戦前の労作。地理学者の整理でもある。唯一、一九七三年刊のJ・J・ステファン著『サハリン』が史書と言える。

樺連の書棚を埋める多くの自分史を数える以外、樺太を樺太として史的に総覧する資料が残念ながら書かれずに来た。嘘が平然と刊行されもしている。その意味でも、まして樺太で生活した者による樺太の記録化が可能な場は、後にも先にも、この『樺連情報』しかいまとなっては存在しない。樺太記念館の必要性が強く望まれると同じように、樺太の〈紙の記念館〉としての「情報」の役割りが重視されるべきである。そう考えられるので、会員及び樺太の研究者たちにも協力をしてもらって、いま、樺太の記録化、主に生活文化の実態を少しでも記録しておこうとしているのが、ここ五年ほどの編集の努力である。

さまざまな視点での樺太に関する企画ものを掲載していき、今後も続けていこうと心している。少し整理して記しておこう。主なものを挙げておく。

一、**日露戦争時の樺太占領と植民史**

1.「樺太渡島事始め」A・B・C・D（六七七・六七八・六八二・六八四号）

2.「樺太拓殖策」（六九六号）

二、**近代樺太四十年間の生活文化**

「樺太日誌抄」（七二五号から）

三、**敗戦による島民の引揚げ、以後のソ連・ロシアによる実効支配後の変化。この観点からの資料的記録と言えるもの。**

1、「豊原空爆」その一・その二（六四一・六四二号）
2、「消えゆく故郷」（六〇九・六一〇・六一一号）
3、「郷土の記憶」（六四七〜六七五号まで）
4、「曖昧がもたらすもの」（六一三号）

これらはいずれも資料に基づき、事実を紹介することで、樺太を知る一助としよう目的で記している。その意味では、六一四号から、初めは「編集余言」で工藤、藤上で書き始め、六三六号から工藤一人で書く「余言抄」は、コラムの形で、樺太に照射しうるさまざまな視点の紹介を意図して書いてきた。樺太が忘れられつつある悲劇の島であるとしても、生地としそこで育った私たちにとっては、想い出の多い大切な生活文化の島であったことを書き残してほしい思いがあっての、エディターとしてのひとつのアプローチのつもりである。われわれの世代では知らないことが多すぎ、書き記されずにあることの多すぎる樺太であることも、十分認識するからである。

さらに七二二号から、この五年間ほどで、かなり増えてきた樺太研究者たちの協力も得て、樺太を知る会員外の研究者も含めて、外から見る樺太像も記録することで、会員のみなさんへの一つの情報ともしよう意図で始めたのが、「樺太点心」である。「情報」として初めて原稿料を払っての企画ものである。会員の増強に少しでも役立てばという思いもあっての企画である。

五、まとめ

七〇〇号をはるかに超える『樺連情報』史を書くのは容易ではない。エディターの視点からと限定することで、いささかの紹介をしてみたというのが、この稿である。この数年、公益法人の見直しに基づいて、「情報」の一般化が強く望まれてきたが、この一般化は記事内容に関することではなく、税法上の扱いである。しかし一つの契機として、この「情報」をどう多くの人たちに読み親しんでもらえるかの方向性で検討をし、幾つかの試みを始めている。要は、「情報」が法人の機関紙である以上は、法人自体の活動の一般化が前提にある。そしていま、この現法人の活動の終焉を目前にしている中で、「情報」の役割りは、何よりも樺太を記録し残すことに集中する以外にない。

会員の高齢化に伴う会員数の減少傾向は、加速度的である。支部・協調団体の縮小・終焉化に伴う「集会報告」の長文化・パターン化も紙面を限定し、課題も多い。そうした現実を踏まえつつも、少しでも〈樺太〉の記録化に場を提供出来たらと心しているのが現状である。

（２０１１年12月）

——「樺太・紙の記念館」

編者コメント

本章では、工藤氏が『樺連情報』紙上に企画した「樺太・紙の記念館」の全体像を捉えるとともに、その一部を採録する。

樺太で生活した者による樺太の記録化が可能な場は、後にも先にも、この『樺連情報』しかいまとなっては存在しない。樺太記念館の必要性が強く望まれると同じように、樺太の〈紙の記念館〉としての「情報」の役割りが重視されるべきである。（前出「『樺連情報』史」）

〈紙の記念館〉は、次表に示すA～Dの4部構成となっている。記事としては、紙上連載された「樺太紙の記念館」（2006～2014、全23回）を中心に、「樺太日誌抄」「豊原空爆」などの連載、単発記事、および読者・外部の識者による投稿連載「樺太点心」、「郷土の記憶」が収録されている。

以下、この一覧を「館内案内」と称して示すとともに、可能な記事について翻刻した。また、次章以降に工藤氏の企画した記事の一覧、および氏が毎号書き継いだコラム「余言抄」を収録しているので併せてお読みいただき、読解の一助としていただければ幸いである。

樺太・紙の記念館 【館内案内】

タイトル	『樺連情報』掲載号（※）	備考
A．日露戦争時の樺太占領と植民史		
樺太渡島事始め	全４回（677号（2006.10）～684号（2007.4））	（*１）
樺太拓殖策	696号（2008.4）	所収
蝦夷闔境輿地全図	708号（2009.4）	所収
「豊原市職業別明細図」から	744号（2012.4）	所収
樺太の気象	764号（2013.12）	所収
樺太庁長官物語	全4回（754号（2013.2）～768号（2014.4））	（*２）
B．近代樺太四十年間の生活文化		
書棚に故郷を読むと	670号（2006.2）	所収
樺太日誌抄	全６回（725号（2010.9）～766号（2014.2））	所収
C．敗戦による島民の引揚げ、以後のソ連・ロシアによる実効支配後の変化		
豊原空爆	全２回（641号（2003.9）～642号（2003.10））	（*１）
消えゆく故郷	全３回（609号（2001.1）～611号（2001.3））	（*３）
郷土の記憶	全25回（647号（2004.3）～675号（2006.7））	（*４）
曖昧がもたらすもの	613号（2001.5）	所収
D．外から見る樺太像		
樺太点心	全40回（722号（2010.6）～775号（2014.11））	（*４）
樺太ブックレビュー	全２回（649号（2004.5）～651号（2004.7））	所収

（※）対象は工藤氏在任中（2000.1～2014.11）

以上は主に「『樺連情報』史」（本書所収）に工藤氏が整理した構成に基づいている。あわせて、後出の「クロニクル」に関連記事の一覧を掲載してあるので参照されたい。

なお、以下＊１～＊４は既刊所収、または他著者による。
（*１）『わが内なる樺太』（石風社）
（*２）鈴木仁、山名俊介『樺太庁長官物語』（全国樺太連盟、2021）
（*３）「編集部（担当・藤上）」名義
（*４）投稿・依頼記事

A　日露戦争時の樺太占領と植民史

樺太拓殖策

日露戦争当時の北海道で発行された新聞に目を通していると、樺太獲得という積年の願いが、近づく樺太占領を確信する形で綴られると共に、資源拓殖地樺太の経営論が、よく語られるようになる。

リードしたのは、当時薩哈嗹《さがれん》水産組合長でもあった内山吉太衆議院議員が、「函館新聞」に二ヶ月近く連載し、後に一冊となる「薩島占領経営論」である。樺太占領軍にただ一人密かに同行し、領有後樺太経営の最大課題となる漁業制度を推進した第一人者であったから、その論の大方が漁業中心の政策である。

そうした、政界もジャーナリズムも一体化した資源開拓地樺太への視線が加熱している中に、ここに紹介する竹内少将の一文を位置させると、不思議な気持ちになる。

筆者竹内正策氏は陸軍少将、当時の樺太南部占領司令官である。この文章が載るのは、博文館刊『日露戦争実記』第九十四編である。発行日は明治三十八年九月二十三日。執筆はおそらくポーツマス講和の成った九月五日前後であったろう。七月七日メレアに上陸した樺太占領軍が、樺太全島に軍政を施いたのが八月一日であったことを考えると、この文章の記された時点が発するホットな匂いが十分感じられよう。

豊原市街の形成史を詳細に論じた三木理史氏や、古くは西鶴定嘉、近く井澗裕両氏の論稿が、いずれも典拠とした樺太庁長官官房篇『樺太施政沿革』に、わずかに要点が記されているだけで、全文を紹介するのはこれが初めてである。私には第一級の資料と思える。

この一文で、当時まったくの寒村ウラジミロフカが豊原となり、植民地樺太の、行政・軍事・商業・生活文化の中心的な市街地として造られていった歴史をふり返ると、興味は十分にある。先の「樺太渡島事始めD」〈夢見る移住者たち〉で紹介したように、屯田兵から始めて時間をかけた開拓地北海道とは異なって、チエホフの言う地獄の島であったにせよ、ロシア人による島の生活文化があり市街地が形成されていたので、湯屋やお菓子屋、床屋も点灯夫も初めに移住している。

でも、大連の占領後、商工業界に移住資格の制限を設けたような渡島規則は、樺太ではつくられなかったので、どの地点を、どういう人たちが住むどういう街にするかは、誰にも見えてはいなかったはずである。

言うまでもなく樺太占領は思い付きであったし、極秘の戦闘であった。一兵卒から東宮武官となり樺太占領の司令官となるという、当時ではユニークな経歴をもった竹内正策氏に、どのような興味関心があったのかはわからないが、樺太占領直後に、其の拓殖策として、模範的市街の設立を想起し、〈住民によって、市街を作らず、先ず市街地を造って、移住民を招来する事〉を提案し、府県制や職業の区分を提言していることは、都市論の研究者でも専門家でもないから事の可否はわからないが、実に面白い。

王子工場の進出が樺太に城下町としての都市を形成していったというのが、井澗裕著『サハリンのなかの日本』の説くところである。現在竹野学氏が、豊原の商工業界の歴史をまとめている。都市の形成が、その地の生活文化の質を左右するのが当然といえるとき、豊原に限らず、大泊、真岡、本斗、恵須取、敷香等、それぞれの街がどう醸成されていったか。その発想の過程を含めて、事実の記録の確かめが待たれる。

樺太に後藤新平は居なかったかというのが、年来の私の問いであるが、ここに紹介した竹内正策氏の一文のような楽しみの資料が、多く見出せるようにと、今は期待している。

樺太拓殖策（博文館『日露戦争実記第九十四編』（1905年）より）

樺太南部占領軍司令官　竹内正策

英人ワットが蒸気機械を発明した動機は、鉄瓶の蓋を動かす湯気を見たときにありといふが、由来大発明大発見なるものの多くは、偶然微々たる動機に刺激されることが多いやうである。今回予が図らずも考へ浮びたる、南部樺太拓殖に関する意見は、未だ何人によっても唱道されぬ、恐らくは夢想だも及ばざることゝして、之を世の樺太経営を論ずる人々の参考に供する亦必ずしも不可ならずであらう。

内地の人々は、概して樺太島に於る漁業の利のみを認め、之にのみ熱中する者が多いやうである、漁業は固より利益が確実であって之を国家の上から見れば、疑ふまでもなく大なる富源ではあるが、併し樺太島拓殖といふ点から見ると、必ずしも価値ありとは認め難いのである。

第一　漁業者の殆んど全部

は、本島の住民でない。一定の時期来れば遥かに海を渡り来って、海上若しくは海岸に漁撈或は製造の業を営み、寒くなれば其獲物と共に内地に帰る、従て漁業が盛んになり、多くの漁業者が渡って来ても、拓殖の上に及ぼす効果は、極めて微々たるものと見るが至当であらう。

内地の人々は、又コルサコフ、ポロアントマリなどに着目して、或は港湾の可否を説き、或は経営を論じ渡航者も続々来るやうな次第であるが、之も拓殖の上に及ぼす利益は、太だ僅少である。船着の港であるからは、相当の発達もするであらうし、コルサコフ、ポロアントマリが半里を隔たらぬ距離である処から、一市街となる時も来るであらう、併しソレも其土地だけのことで、樺太全体から見れば、南部の一地点に小部落が出来たゞけの事だ。南部樺太の首府としては、余りに南端に過ぎ、軍事上から見ると種々なる不利の事情があって、到底首府となす事の出来ぬ理由を発見したのである。

然らば如何にして拓殖の実を挙ぐべきか、屯田兵の方法は、嘗て北海道に経験したことであるが、其成績は太だ面白くない、露西亜が本島に罪人を放って、拓殖を兼ね収めんとしたる方策も、二十余年を経たる今日の状態より観れば、失敗に終ったといふより外はない、若し我邦が今後

自然の発達に放任

すれば、何時の世にかは住民も入り込み、従て土地の拓ける事もあるであらうが、我国民は便々として其時を待たねばならぬまでに、迂遠ではあるまいと思う其処で予の陽気に似たる一策があるのである。

北部は知らず、今回予の占領したる南部樺太の拓殖策としては、コルサコフを距る北方約十里ウラジミロフカに、中央市街を建設するの一事である、ウラジミロフカは南部樺太の殆んど中央に位して北部ルイコフに次ぐの平原続き、スヽヤ河其北際を流れて地勢もよく、現に百数十戸の部落が農牧を兼業したる、結果相応の耕地もあり。又大なる牧場も開けて居る。又南方スヽヤ河口より北方ナイプチ河口に至る二十余里間の平地に、今後幾多の村落を生ずるものとして、中央貨物集散地たる地利をも有するのである。

此中央市街は、共通的に生活し得る人口の、程度を仮に五千戸と見做して、之に要する官庁学校、病院、寺院等を準備し、稍同等の地位にある、内地の市街に則つて、予め適当なる職業を分類し、其分類したる職業をば区割したる市街の適当なる位置に配合し、市街は先づ三年間を以て、建設し了るの計画である。五千戸に充当すべき人員は、各府県に割り当て、専ら地方官の斡旋によつて、募集する事にしたいと思ふ、市街を府県の数に区別し、抽籤の方法を以て予め府県制となし、後に至り市街の中央又は場末等の撰定に関する、不公平若くは紛紜を未然に防ぐの必要もあらう、兎に角移住民によつて、市街を作らず、先づ市街を造って、移住民を招徠する事であるから、完全なる市街も出来るであらうし、又充分なる方法を尽くすの余地も、自から存する訳である。

　偖此建設費用を如何にして、支弁するかが問題である、国庫支弁も如何あらうか、恐らくは不可能であるとして、余は南部中央市街期成会なるものを組織し、建設費用を全国に募集したいと思ふ、まづ期成会の設立旨意書を発表する、その趣旨としては三十年末の屈辱を雪げる戦捷の記念として、或は本島拓殖のために、或は国民の膨張的勢力を示すがために、茲に樺太南部の中央に、

模範的市街を設立

する云々の意を掲げる。尚他に適切の趣旨あらば、固より之に附加する事として、市街設計図案、設備費予算等をこれに添ふる必要もあらう。而して有力なる総裁以下の役員を定め、府県知事を賛助員として、費用及び人員等の募集に尽力せしめる、斯の如くして、本会の趣旨幸に中外の同情を博するときは、或は聖上よりの御下賜金あるやも図られず、帝国議会も亦拓殖保護の意味より相当の補助金を議決して呉れるであらう。之を知りたる国民は、一層の同情を加へて、本会の挙を賛同する事となれば、移住市民の如きも、案外の好結果を奏するやも知れないのである。

　市街建設に要する、物資の一部木材、石材の如きは、無代にして伐採する便利もある、其他

の物資人員等の輸送に就きては、軍隊的組織となし、兵站部、碇泊部に似たるものを設けて、種々なる便利を得る点もあらう。其為に渡航したる土工、石工、大工、左官及び之に付随して来る商人等には、市街付近の移住者となる者もあらう中央市街が成立すれば、茲に生活上の木標が建られて、地方の需要する物質は、市街から供給せられ、地方の産出する物資は、市街に於て消費する関係も生じ、市街と共に地方村落も建設せられ、又発達する自然の道行を為すことであらうと思ふ。

樺太占領後の拓殖に就ては、如何かして其効果を完うしたい、露国の轍を履んで、彼等の笑ひ草とはなりたくない、右に述べた中央市街建設の如きは、好個の記念ともなり、又拓殖上の最良策とも信じて、聊か我国のワット先生を待たんとするのであるが、之が不幸にして湯気の如く、空に消散せんことを大に気遣ふのである。（原文通り）

（696号　2008年4月1日）

蝦夷闔境輿地全図

「蝦夷闔境輿地全図《えぞこうきょうよち》」。〈闔〉は門の扉、〈輿〉は大地を意味する。蝦夷地への入口。北海道を含む地図の内の南サハリンの原寸大のコピーである。〈嘉永七年〉は、十一月〈安政元年〉と改元。一八五五年のこと。この年の十二月二十一日、「日露和親条約」締結。カラフトは従来通り雑居地となる。この地図に関しては、秋月俊幸氏が、氏の大著『日本北辺の探検と地図の歴史』の中で、当時江戸で流行した実用蝦夷地図の一例として紹介している。北辺の地への関心の多さを示す、木版多色刷の大図とある。沿岸を埋める地名は、樺太アイヌの人たちの生活を思わせる。

（708号　2009年4月1日）

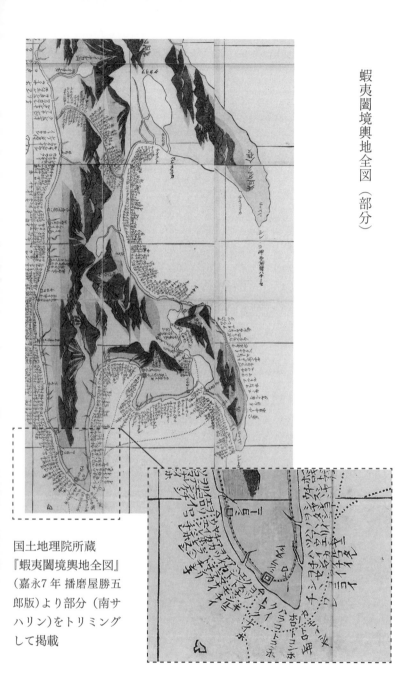

蝦夷闔境輿地全図（部分）

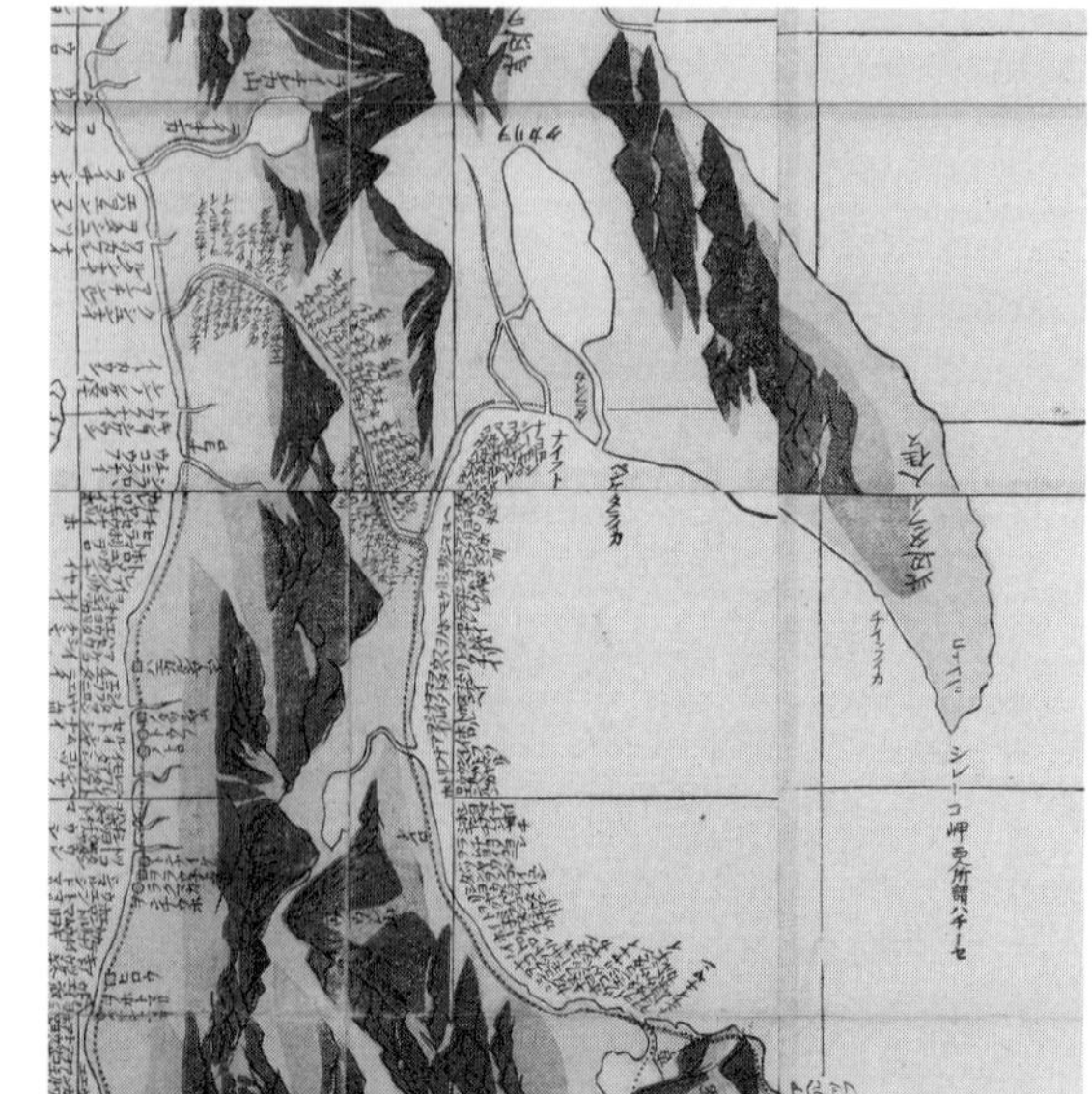

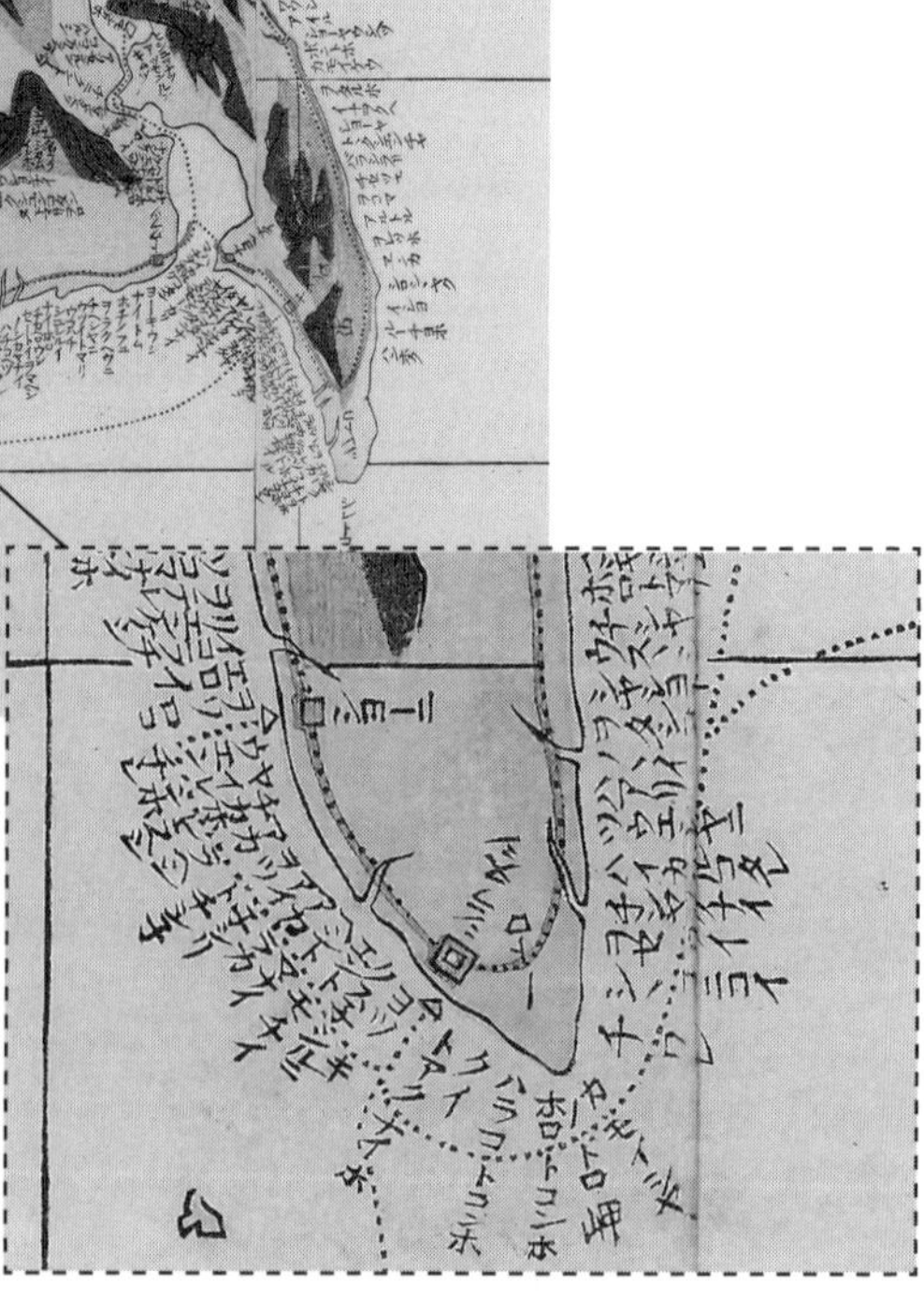

国土地理院所蔵
『蝦夷闔境輿地全図』
（嘉永7 年 播磨屋勝五郎版）より部分（南サハリン）をトリミングして掲載

「豊原市職業別明細図」（昭和13年7月刊）から

歴史は人と事件と、都市で語られる。政治も経済も生活文化も、都市に集中する。樺太の都市――。豊原が唯一の市として中心にあり、大泊、真岡、本斗、恵須取、敷香……。

街の歴史は、西鶴定嘉氏の書かれた『樺太　大泊史』が唯一、樺太の都市を記す金字塔として残されているのみである。瀟洒な日本領事館があったコルサコフ港は、樺太文化の玄関として、ロシア領時代から栄えていたことが、西鶴氏の著書でも語られる。

首都豊原を語る一冊は無い。かつて見た中尾重一氏による手書きの豊原史は貴重だが、いま本部書棚には無い。真岡は、日露戦争中からも北海道との交流の深い商業都市。だが、港湾都市真岡の歴史を記した一冊を私は手にしたことがない。本斗も恵須取も、或いは新興の塔路も。樺太の研究者三木理史氏や井澗裕氏の論考はあるが、樺太で生活した者によって語られる樺太の街々を、記す機会はもう無くなる。

樺太の街を記しておこうと思い、その手始めに、まず豊原市の実態を、この職業別地図を借りて紹介して見る。協賛地図故すべてが掲載されているわけではないが、四万人に満たない辺境の都市豊原。十分に豊かな生活文化の匂いが漂うように思うがどうだろう。

（744号　2012年4月1日）

編者コメント

本稿で収録された「豊原市職業別明細図」は、東京交通社が発行していた『大日本職業別明細図』のうちの1枚（第550号・樺太、1938年7月発行）である。表面には豊原市街図に個別の商店名や会社名が掲載され、裏面には職業別の一覧索引（協賛広告）が掲載されている。参考として、北海道大学所蔵の市街図の一部を収録する。

原記事では、裏面の索引から翻刻した商店・会社名の職業別一覧が掲載されている。紙面2面にわたり掲載数423件と大量であるため、ここでは個別の一覧については省略し、主要な職業分類別の件数表を掲載した。

なお、関連する資料としては『樺太市街地図・商工人名総覧』（国書刊行会、1981年）がある。こちらは現地商工会議所の情報等をもとに戦後作成されたものであり、時期・対象とも必ずしも一致しないが、参考とされたい。

「豊原市職業別明細図」から

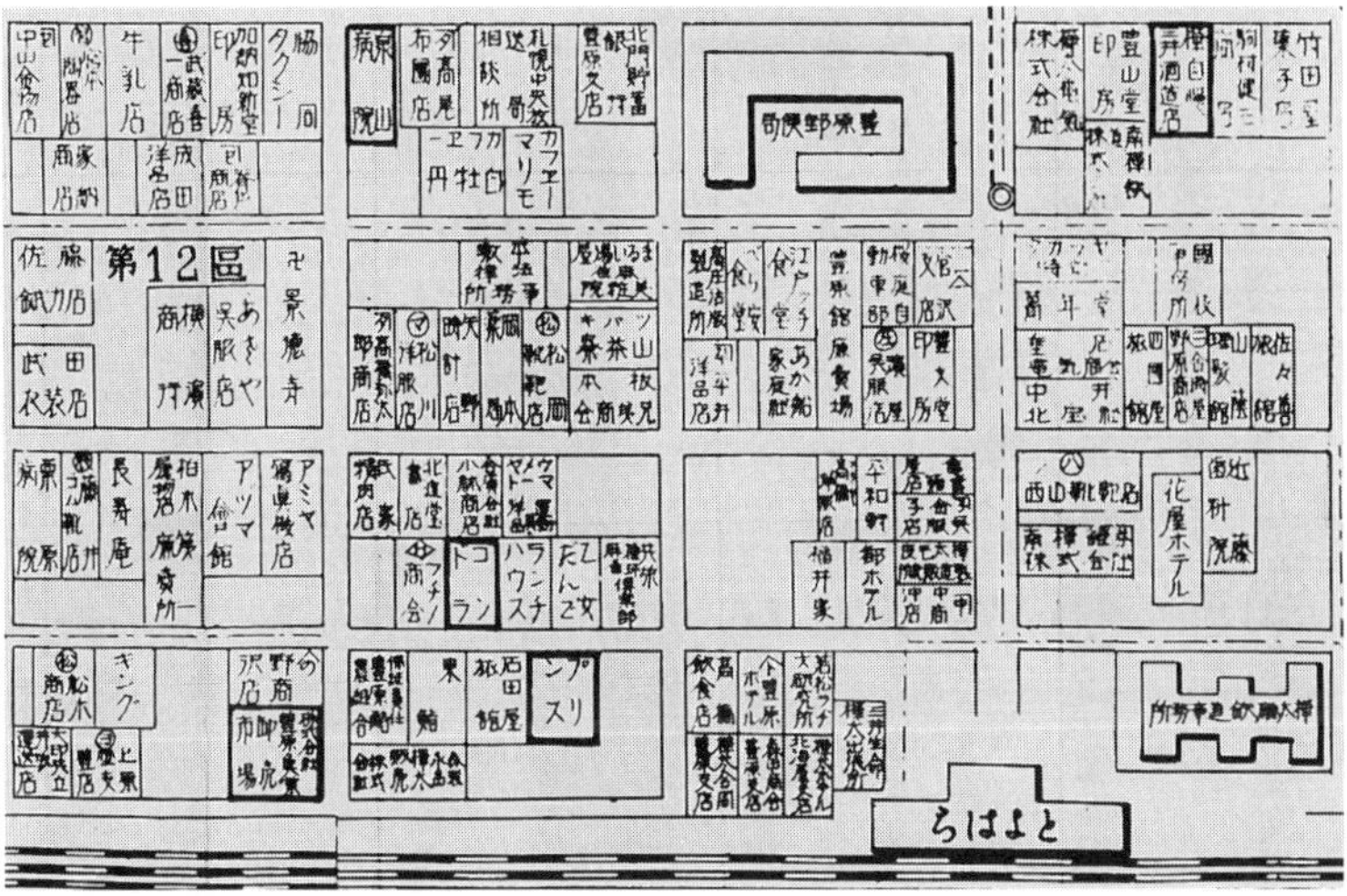

官公庁・学校・団体	44	菓子店	12	組合	3	土産品店	2
社寺教会・名勝	13	海産乾物食料品	4	薬商	4	書店	5
銀行・会社	18	紙文具並印刷業	8	靴商	5	新聞業	14
医院	15	楽器店	2	芸妓見番	2	自動車業	11
市場	9	株式債券業	3	毛皮商	5	自転車業	3
印房	4	金物商	7	布団店	3	写真活動材料店	2
履物店	4	家具店	5	鉱力業	4	写真業	4
肉・鶏卵商	5	洋服商	6	呉服店	10	表具師	2
弁護士	7	洋品店	7	小間物手芸材料	2	整骨院	2
米穀商	13	靴下並衣装店	2	工場等	7	製鉄製紙原料	4
時計眼鏡店	7	浴場	5	電気ラヂオ業	4	製粉製餡業	2
陶器百貨	3	畳建具店	3	材木及木工業	4	洗濯業	3
銅鉄容器商	2	燃料商	2	酒店	7		
旅館	10	請負業	17	雑貨商	3	その他	18
料理	37	運送業	3	機械商	2		
理髪業	5	演劇場	2	ミシン商	2		

図版：北海道大学北方資料データベース「豊原市街図」（1938年、東京交通社刊『大日本職業別明細図（樺太・豊原市）』）より、豊原駅前をトリミング。
集計表：『樺連情報』原記事掲載の一覧より編者集計。多様な職種に、豊原の生活文化の様子がうかがえる。

樺太の気象

樺太ってどんな所？　とんでもなく寒いんでしょう？　よく聞かれる。大泊と豊原しか知らない私に、敷香の寒さは想像付かぬし、そして、不凍港と記す本斗の気象を考えることはむずかしい。

引揚げ後、一時函館に住み、これ北国？　と思ったのも本音だし、北海道の冬を札幌で語るには、稚内の人にふさわしいとは思えない。そして、北海道は北緯四十度圏であるのに対し、樺太は北緯五十度圏。樺太は北海道の北。

とすると樺太の気象はどうだったのだろう。掌元で確かめる資料は二つ。その一つに『樺太庁施政三十年史』があるが、『樺太敷香時報社刊　昭和十四年版　樺太年鑑』（復刻版（底本1939年刊、1980年国書刊行会））の中の「気象」の項が、解説を含め具体的で全体像を紹介しているので、ここに部分を引用し、一つの資料としておこう。表の〈最高・最低〉を見ると、樺太は寒いだけでなく、夏の気温がかなり高いことも知る。そこにどのような樺太独自の生活があったのか。書いて下さい。

樺太各地の気温の推移　(昭和１３年・月平均)　(℃)

地名	1月	2月	3月	4月	5月	6月	7月	8月	9月	10月	11月	12月	年
大泊	-10.9	-9.4	-4.8	1.5	7.2	10.4	15.9	19.5	14.0	7.8	-0.5	-9.8	3.4
本斗	-8.2	-7.0	-2.3	3.4	8.5	11.6	17.8	20.9	14.1	8.2	0.6	-7.4	5.0
眞岡	-9.3	-7.9	-2.8	2.9	8.1	11.4	17.8	20.6	13.8	7.6	-0.2	-8.8	4.4
落合	-12.9	-11.3	-6.4	0.7	7.6	11.6	17.4	20.1	13.3	6.4	-2.0	-11.9	2.7
敷香	-17.4	-13.4	-8.8	-0.1	5.8	10.4	15.2	18.0	12.8	5.2	-3.8	-15.7	0.7
安別	-15.5	-12.4	-6.0	0.4	5.9	11.0	17.4	19.2	11.5	4.3	-3.5	-15.2	1.4
豊原	-12.2	-10.3	-5.2	1.8	8.3	12.1	17.3	20.4	14.1	7.1	-1.3	-10.9	3.4

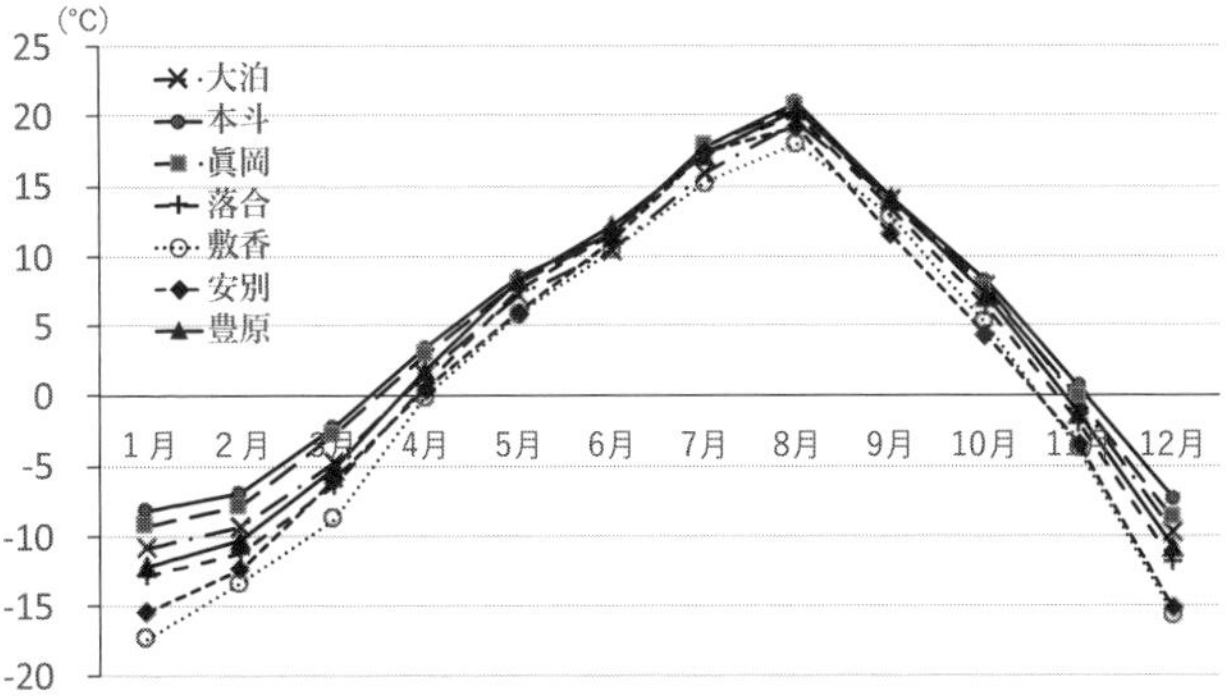

樺太各地の最高・最低気温（昭和１２年）　(℃)

観測所	最高	観測日	最低	観測日
大泊	25.2	8/5	-23.2	1/27
本斗	26.0	7/24	-19.5	1/27
眞岡	24.9	7/24	-19.0	1/24
落合	30.6	7/18	-29.1	12/25
敷香	32.0	6/21	-32.7	1/29
安別	24.9	7/10	-26.5	12/28
豊原	30.8	6/21	-29.5	12/30
西能登呂	23.5	8/29	-16.0	1/27
雨龍	29.4	8/1	-29.0	1/27
留多加	30.4	7/13	-28.5	1/24
海馬島	26.5	8/5	-16.5	12/27
好仁	25.0	7/23	-24.0	1/26, 1/27
富内	29.2	7/26	-32.5	2/2
逢坂	29.0	7/16	-33.6	1/24
泊居	27.1	8/13	-24.5	2/2
白浦	30.5	8/14	-27.0	2/3, 12/28

観測所	最高	観測日	最低	観測日
久春内	24.0	7/25	-26.7	2/2, 2/13
元泊	30.3	7/25	-23.0	1/27, 1/28, 1/29
知取	32.4	7/18	-27.5	1/29
恵須取	29.0	8/5	-35.5	1/29
名好	29.0	8/8	-29.8	1/29
氣屯	35.0	7/18	-40.7	12/29
海豹島	20.9	9/6	・・・	・・・
小能登呂	28.9	8/7	-35.6	2/13
珍内	23.4	7/16	-27.5	1/26
彌滿	23.5	8/5, 8/15	-25.3	1/23
上喜美内	28.0	8/1	-32.8	12/29
豊榮	29.0	8/18	-35.0	1/24
美保	30.0	7/18	-33.9	2/2
能登	26.5	8/7	-31.0	12/23
上敷香	34.7	6/21	-38.3	12/29

※上表、グラフは原記事より編者作成

樺太の気象（樺太敷香時報社『昭和十四年樺太年鑑』（1939年）より）

事業の沿革

樺太における気象観測は一八五三年（嘉永六年）「コルサコフ」（大泊）の開港に当たり観測を施行したのが始まりである。やや秩序的に観測の行われたのは一八八一年（明治十四年）以降で、一八九三年西能登呂岬、一八九六年眞岡、一八九八年内路、敷香、白浦および留多加等において観測が開始された。越えて明治三十八年南樺太が邦領に帰するや、臨時観測所官制の公布により同年十月「コルサコフ」（大泊）に第十臨時観測所を設置した。これが本所の創始であって本島の気象観測の一紀元を画するに至ったのである。当初は中央気象台の所属であったが、明治四十年四月樺太庁の開庁と共に同庁の所属となり、島内各地に支所および簡易気象観測所を設置し観測を継承し、今日に及んでいる。

気候状態

（昭和十三年）本年は秋季から冬季へかけては平年より低温であったが、全般に温暖に経過しことに夏季は近年稀な高温であった為、年平均では一度以内の過高であった。天候は本斗および幌内川流域が良好であった外は、一般に不良であった。降水は鈴谷川、幌内川流域および西海岸国境方面では寡量を告げたが、其他の地方は多量で、なかでも内淵川流域に於て最も著しく平年より百五十ミリの増量を示した。暴風日数は鈴谷川流域に異常の増加を示し、亜庭湾沿岸および内淵川流域がこれに続き、他は全般に減少となり眞岡地方では特に著しかった。顕著な暴風雨雪もまた少なくなく、人畜の死傷を始め家屋の倒潰、船舶の遭難、交通の途絶等随所に大災害を生じさせた。

雑象

昭和十三年一月二十二日・二十六日の極光

二十二日は敷香、安別および南部地方の諸所において、二十六日は安別、上敷香、能登、白浦および眞岡方面等にて本島では稀な極光の出現を観測した。敷香地方にては二十二日午後六時四十分より七時五十五分まで、北西より北東に亘る高度約四十度の天空に当って、光象を認め初め中心薄黄色であったが後に赤紫色に変じ再び薄黄色となり楕円状をなせるものの如くであつた。安別では二十二日午後六時三十分頃真北方約三十五度の上空に当たり、東西一里余りにわたる紅黄色に輝く光象を認め、六時五十五分頃紅黄色も鮮かに五分間継続し、次第に薄らぎ消滅するかと思われたが、七時十分頃より再び光輝を増し光象の中程より東西約一〇〇メートルの間隔にて金紅色を有する三条の輝く光が、あたかも探照燈の如く天空に向かって射出し、沿岸の流氷に反映して美観を呈し、又光象の東端一部に積雲がかかりあたかも煙の如く見えた為、或いは蘇領方面の火災かと誤認されたが、光象は七時四十分頃より色彩が衰え、八時頃には全く收光した。二十六日午前二時三十分頃安別地方では、真北方約三十度の上空に当たり紅黄色のおぼろげな光象現われ、次第にその範囲を拡大し、二時四十八分頃にはぼんやりとして東は山岳に妨げられその果て不明となるも、西は水平線遙かの上空に達し色彩濃厚となり、あたかも遠地の大火災の如き観を呈した。三時十八分頃、紅黄色ますます濃く最高潮と思われた頃、光象の下部より淡い金紅色に輝く光帯が五条の扉形をなして天空に向かって射出し、荘厳なる情景を呈し、三時三十八分頃より光象次第に衰えて消滅したかのように思われたが、四時三十分頃俄然生気を取り戻し、四時四十五分、紅黄色の帳がますます鮮明となる中に細紐を垂れたる如く金紅色に輝く無数の光帯現われ、燦然として左右に微動する様は陽炎の萌え上るに似たるが、約五分継続後、光象の中部より金紅色鮮明なる幅広き光が一条天空に向かって射出するや、今まで微動しつつあった光帯はこれに反応するかのように一斉に紅黄色に中に包容され更に約二分、幅広き光帯も紅黄色の中に包容されるや、たちまち細紐の如き光帯現出して微動する等、実に筆紙に尽くせぬ絢爛たる情景を展開したが、かかる現象を連続三度繰返したる後、次第に光象衰え、五時二十分全く清滅したと（支所報告）

昭和十三年二月十七日―十九日の暴風雪

十六日朝、南満州より黄海を経て支那東海にわたり七五〇ミリバールないし七五六ミリバールの低気圧が連鎖状に発生したが、正午黄海東部と江陵沖に在った七五二ミリバールの低気圧は夕刻に合併して日本海西部にて七四〇ミリバールに発達した。当時満州東部に在ったものと次第に合わさって、翌十七日朝北海道西岸遙かの沖に進出し七三〇ミリバールに発達し徐行しつつ、翌十八日朝利尻島西方約二〇〇キロに迫った。一方十七日朝、熊野灘に在った低気圧は太平洋岸に沿って北上し、十八日朝網走附近にて七二六ミリバールの優勢を示し、両低気圧は停滞がちであったが、十八日夕刻より衰弱に向かい、十九日朝は七三三ミリバール前後となり、夕刻北海道南部に南下と共に次第に衰退し、二十日正午北海道の南東海上に去った。低気圧の接近と共に天候は次第に悪化し、十七日朝は落合、敷香が降雪の外は曇りがちで南部一帯は既に強風となり次第に暴風雪と化し、十八日朝に至り大泊、豊原地方に最も烈しく、最大風速は二十五メートル前後に達し終日狂暴を逞しくしたが、夕刻より風威は次第に弱まると共に曇り勝ちとなり、十九日はなお強風が吹荒れ、多少雪模様があったが、二十日夕刻に至り全く平穏となった。今次の暴風雪は交通通信機関の途絶を始めとし、雪崩に起因した家屋の倒潰おびただしく、これによって死傷者百三十有余名に達する未曾有の大災害を引き起こした。

（764号　2013年12月1日）

＊紙面からの翻刻に当たり、旧仮名・旧字を適宜改めた。

B　近代樺太四十年間の生活文化

書棚に故郷を読むと

樺太関係資料館の資料収集が、三月をもって終了する。それらの貴重な資料を生きた樺太の人々の生活は、どのような背景を持っていたのか。残された文献資料を渉猟しながら、断片的でも、樺太の生活文化の実態を、資料の上に読みとってみようという試みである。**記憶から記録化へと。**会員の皆さんが、こうした資料から何を読まれるか。想いのこもる投稿を期待している。

うた

〈君と住むなら樺太よ〉で始まる「樺太音頭」を、私は今でも口ずさめる。父が晩酌をしながら妹を膝に乗せ、家族でよく唄ったと思う。わが家の父を訪ねる若い教師たちを囲む酒の席でも、一番唄われたのではなかったろうか。いまとなっては、冒頭の歌詞にこめられた渡島者の思いが、私にも伝わってくる。

樺太関係資料館を訪れた人は、部屋に入ると、一気に遥かな望郷の世界に誘われる。鮮烈に、そして実に晴れ晴れとしたブルーのパネル。そこに刻まれた「樺太島歌」。大泊に生まれ育った私のイメージに、この海景は記憶に無かったが、「樺太島歌」の歌詞に曳かれるように、樺太への想いが湧き立つ。しかしながら、都会の官舎街の片隅で、父たち教師風情がいつも必ず歌っていたのは、新しい国策型の「樺太島歌」よりも、「国境の街」であったり「サーカスの唄」ではなかったろうか。そして終わりに、〈君と住むなら樺太よ〉と――。

〈歌〉はこうして、さまざまに私たちを、生地〈樺太〉に呼んでくれる。

樺太音頭（1934年）

作詞・時雨音羽
作曲・佐々紅華

1　ハア〜　君と住むなら樺太よ
　お浜大漁で　魚の山　ハア〜
黒いダイヤは　無尽蔵
サテ　ヤレコノセ　ヤンサノエ
ハア〜　ヤンレヤレコノ　ヨイヤサァ
ノサー
〈ハヤシ詞は以下省略〉

2　**能登呂岬**の燈火《ひ》の合図
　逢うて嬉しい　**大泊**
つもる話も　**千歳湾**

3　春のにしんは**一の沢**
　夏はあなた　**富内湖**
忘れられない　船遊び

4　だますその身がだまされて
　可愛いお方の首かざり
泣いちゃいけない　黒ぎつね

5　こころ白樺　**鈴谷だけ**
　君とスキーは**豊原**の
ペチカ　かこんで　ローマンス

6　パルプ工場の　汽笛《ふえ》の音
　今日は　**落合**　**栄浜**
あやめ原野は　花ざかり

7　**手井湖**恋しい　**眞岡**まで
　港　とろりの油なぎ
可愛いお方の　目もとろり

8　沖の浅瀬とむすぶ築港《えん》
　花のふぶきの　**本斗町**
君のなさけで　不凍港

9

東白浦　落ちる陽の
　そめて美し　**突阻山**
真縫　時雨で　**元泊**

10

知取街《まち》の工場に　はこばれて
　末はパルプの　丸太さえ
水にせかれりゃ　浮しずみ

11

峠　轟く　**久春内**
　あの娘　可愛いや　**泊居**
野田街《まち》で待つのは　梅香温《ゆ》の煙

12

敷香　**内路**は　姉妹
　沖の積取《つみとり》船　恋の荷を
積んでくれぬか　あの人へ

13

北緯五十度　**敷香**ゆえ
　幌内川《かわ》を越します恋のみち
逢いに来るなら　馴鹿《となかい》で

14

街は**恵須取**　野はみどり
　誰になびくか　柳蘭《はな》の波
見せてやりたい　露天ぼり

（JASRAC（出）2308755-301）

一

蒼波湧きて　風は光れり
揚げよ　今　潑剌の强き眉
起ちて共に　隆々の國威に副はむ
見よ　海幸の　恵は溢れ
オホツクの　潮と　轟く
伸びゆく樂土　おゝ　我等が樺太

二

大地は晴れて　みどり明れり
振へ　今　雄渾の强き腕
起ちて共に　豊かなる寶庫拓かむ
見よ　黑土は　氷を彈き
芳醇の　木肌　香ぐはし
榮ゆく　樂土　おゝ我等が樺太

三

北斗は冴えて　山河遙けし
張れよ　今　烈々の强き胸
起ちて共に　聖明の厚きに副はむ
見よ　サガレンの　往時を夢に
清新の　文化　華咲く
希望の樂土　おゝ　我等が樺太

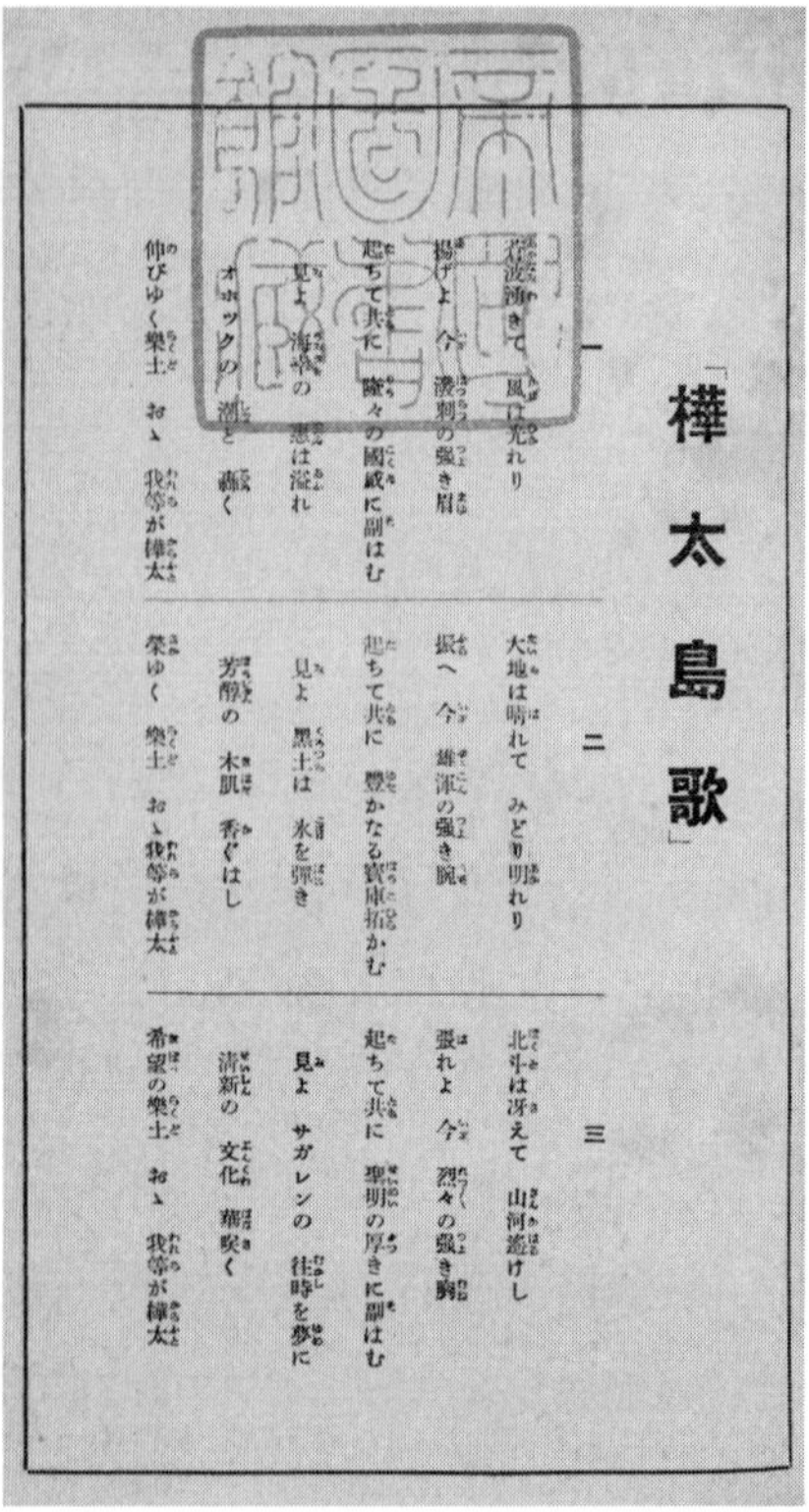
「樺太島歌」

一
蒼波湧きて　風は光れり
揚げよ　今　潑剌の强き眉
起ちて共に　隆々の國威に副はむ
見よ　海幸の　恵は溢れ
オホツクの　潮と　轟く
伸びゆく樂土　おゝ　我等が樺太

二
大地は晴れて　みどり明れり
振へ　今　雄渾の强き腕
起ちて共に　豊かなる寶庫拓かむ
見よ　黑土は　氷を彈き
芳醇の　木肌　香ぐはし
榮ゆく　樂土　おゝ我等が樺太

三
北斗は冴えて　山河遙けし
張れよ　今　烈々の强き胸
起ちて共に　聖明の厚きに副はむ
見よ　サガレンの　往時を夢に
清新の　文化　華咲く
希望の樂土　おゝ　我等が樺太

樺太島歌（1938年）
作詞・本間一咲、作曲・山田耕筰
JASRAC（出）2310070-301

「樺太島歌」は樺太庁により施政記念事業として1938年に公募、同年11月3日に発表された。応募作746篇は6名の審査員によって選定され、その中心となったのは工藤誠氏（本書著者工藤信彦氏の父）である。(「樺太関係資料館ガイド」、『樺連情報』、第653号、2004年9月)

上記画像は樺太敷香時報社編『昭和十四年樺太年鑑』（1939年、樺太敷香時報社、国立国会図書館デジタルコレクション）による。

移住

宮沢賢治をして、魂を鎮める北限の詩境と歌わせた樺太。台湾と等しく、北海道の半分に相当する大地に、四十万人の島民が住んだ。苦節と言うべき開拓の日々は、わずか四十年で楽土とも称された。人々はなぜ、どのようにして樺太を目指したのか。この頃、それをしきりに思っている。

樺連の書棚に、**昭和四年**、樺太庁農林部が刊行した、『樺太殖民の沿革』という小冊子がある。そこに載る人口動態表を眺めていると、さまざまなことが想起されてくる。（表参照）

樺太の人口動態表

年	人口(人)	増加(人)
明治 39 年	10,806	
40 年	18,281	7,475
41 年	24,107	5,826
42 年	23,897	△210
43 年	28,721	4,824
44 年	34,444	5,723
大正元年	39,846	5,402
2 年	42,538	2,692
3 年	54,984	12,446
4 年	58,382	3,398
5 年	64,025	5,643
6 年	71,731	7,706
7 年	77,529	5,798
8 年	82,764	5,235
9 年	89,259	6,495
10 年	101,791	12,532
11 年	118,407	16,616
12 年	138,326	19,919
13 年	150,650	12,324
14 年	186,948	36,298
昭和元年	201,539	14,591
2 年	219,016	17,477

※樺太庁農林部『樺太殖民の沿革』（1929）による

何よりも驚くのは、明治三十九年の島民の数が、一万人を超えているということである。丸茶の百年史を読むと、創設者の佐々木時造氏が渡島したのが、明治三十八年九月の初め、上陸番号八三三号。そして六十日間風呂にも入れず、テント暮らしであったと記されていた。とすると、二年目のこの数字が物語るのは何なのだろう。ボーツマス講和が三十八年の九月五日であることから考えると、かなり前から、移住の奨励がなされていなければ、配船一つにしても、とても需要を満たすことにはならないはずである。しかもその後二年間で、さらに一万三千人を超える移住者が在った。私などは驚くばかりである。でも、四十二年の減少は、何だろう。

ついで大正三年の急増が目立つ。『樺太年表』(連盟刊)によると、前年二年に、大川平三郎氏の樺太工業株式会社が設立され、翌三年には、樺太最初のパルプ工場、三井大泊紙料工場が操業を開始している。あるいは、二年の、東北・北海道の大凶作が社会問題となったことも原因であろうか。それにしても、大正二年と四年の少ない移住者は、一体何を意味するのか。

大正十年。この年から前年に倍した移住者で、それは減ることなく、十四年は前年の三倍になっている。九年は北樺太保障占領の年である。『樺太年表』を見る限り、王子や富士製紙の他との合併、豊真線工事の着工、稚泊連絡船の開通、南樺太鉄道株式会社の認可など、この、大正末の樺太の産業界の一気の隆盛が目に付く。国籍法や徴兵令などの法的整備もこの頃である。しかしほかにも、第一次大戦や関東大震災等の影響とともに、樺太庁が通して基幹産業としてきた農業の、移民の動向も考えてみる必要があろう。

昭和二年までの表である。ここから後、残り二十万人が島民として増えている。明治三十九年から昭和二年までの表の、もう一つの感想は、時期による変化はあれ、期間的に、ほぼ同数の移民・移住民の移住が総体として読みとれるのは不思議な気もする。行政のコントロールなのだろうか。島内出生者の数もある。数字が語る樺太の表貌と思う。

距離

鉄道や道路は開拓の要である。次のような資料に接すると、容易でなかったろう島民の生活が偲ばれる。

掌にしているのは、**昭和十年**、樺太観光協会大泊支部発行の『おほどまり港』という小さなパンフレットである。そこに、〈大泊ヨリ各地ヘノ連絡料金〉の表が載っている。簡略化して次に紹介してみる。

島内（大泊駅栄町ヨリ）

豊原	汽車	七五銭	
	自動車	六〇銭	
留多加	汽車	九七銭	
	自動車	一円	

知取　汽車　六円九〇銭
真岡　汽車　二円九〇銭
本斗　汽車　三円七六銭
敷香　汽車　南新問迄　七円七〇銭
　　　自動車　新問、敷香　二円

恵須取　汽車・自動車
　　真縫廻り　四円二〇銭
　　泊居駅廻り四円六五銭

島外へ（大泊港駅ヨリ）
三等
旭川駅…五円八五銭、小樽駅…七円四七銭、札幌駅…七円一八銭、室蘭駅…八円二銭、函館駅…九円三六銭、青森駅…一一円一一銭

北海道の旭川に行く方が知取へ辿りつくより安く、敷香を訪れる運賃で、函館まで行ける。本土を遠く離れて渡りついた樺太は、一言で樺太と言える場では無かったであろう。樺太一世と私の言う、先人たちの苦労が偲ばれる資料である。

（670号　2006年2月1日）

樺太日誌抄

新聞は地球の日誌。残念なことに、昭和十七年二月から刊行された「樺太新聞」は、なぜかどこにも残されていない。本部書棚に残る大変貴重な資料に、川北栄子氏によって樺連本部に寄贈された「樺太日日新聞」の、マイクロ複写が、大正十二年から昭和十七年まで、七冊にファイルされてある。全くアトランダムに或る一日の新聞の一面のみが複写されているのだが、当時を語る実に豊かな情報源である。この資料を、下のような試みで、時々ご紹介してみようと思う。広告に見る時代の世相や樺太の生活文化など、往時に思いを馳せてみましょう。

（725号　2010年9月1日）

或る日の新聞の一面（樺太日日新聞（昭和11年6月18日）より）

〈三面記事〉という言葉は、今日死んだ。四ページ立て新聞の三ページ目が社会面で、これを三面記事と称していた。この用語が消えたのは、大きく言えば〈社会〉のとらえ方の変化となろうが、政治の三面記事化が境界を消したと言えるか。

昭和十一年「樺太日日新聞」或る日の三面記事を見てみよう。今日のテレビのワイドショウ

『樺太日日新聞』昭和 11 年 6 月 18 日 3 面（国立国会図書館蔵）

と比べてみたいもの。

冒頭は手書きの楽譜の写真版である。四人の詳細な略歴が載るのが面白い。こう書く。

〝樺太よいとこ〟と**〝拓けゆく樺太〟**音譜――本社募集民謡「樺太よいとこ」一等當選　平木克郎作詞は大村能章氏が作曲、樺太廳募集唱歌「拓けゆく樺太」一等當選長谷川しん子作詞は古関裕而氏が行進曲調に作曲十七日試聴會の結果非常に好評を得たので前者は音丸がA面に後者は伊藤久男が十九日コロンビアから吹き込むことに決定した。近くレコードとして発売された暁は齊く島民に愛唱されるものと予想される。寫真はコロンビアより本社に送られたその音譜。（後略）――私は二曲とも忘れている。

記事のタイトルを抜き出してみよう。

中央。〈**あすの皆既日食大体快晴の模様**　低気圧は漸次東北東へ移動　庁鉄観測所で太鼓判〉。

中段の右が面白い。〈**矢張り汽車は強い**　客馬車衝突、馬君無残の轢死　早速事故防止法陳情〉。

そしてその左〈**人面獣心の夫を毒殺しやう！**　悲痛な決意・母性愛の挑戦四十女よ、何処へ行く〉。

下に小さく〈田中旭川新聞社長の飛躍披露宴〉と、〈真岡の水道工事地鎮祭〉がある。

特出記事は左側の囲み〈殖民課・鋤柄さんの人情美談〉。〈再会、感激の家庭生活〉全文の右に次のルビが記されている。〈なさけにむすばれてしあわせなゴールイン〉。樺太庁殖民課鋤柄浩さんの話とある。

広告に〈ヒヨコ〉とあって、官舎で箱の中にヒヨコを二、三羽買ってきて育てた、というより遊んでいたことを思い出した。最終のコラム「北斗星」は、豊原の図書館の便所の扉があかず、自殺者かと大騒ぎしたが、だれもいなかったという臭い小話。のどかなり〈社会〉よ。

（733号　2011年5月1日）

C　敗戦による島民の引揚げ、以後のソ連・ロシアによる実効支配後の変化

曖昧がもたらすもの　――「地図」の中の「樺太」について

一　総領事館開設

新世紀、二〇〇一年一月二十九日、サハリン州の州都ユジノサハリンスク（旧豊原市）に、日本政府が総領事館を設置し、その結果、サンフランシスコ講和条約調印以来、帰属未定となっていた旧日本領土「樺太」の、ロシア領土化が国際的に認定されたことになる。初代総領事には、在ウラジオストク総領事黒田義久氏が、三月八日付で正式に発令され着任したことを、新聞で知る。総領事館開設を正確に記すならば、一九九八年一月一日に、ハバロフスク総領事館の分館として設置された、出張駐在官事務所の昇格である。

領土の確定は、おのずから宗谷海峡の国境が「日・ロの国境」として新たに画定したことになり、「北方領土」問題にも連動する、半世紀にわたって曖昧であった戦後処理問題の一つが、ここに決着をみたことを意味する。そして、わが生誕の故郷「樺太」は、日本の「地図」上から、地名としての名を消すことになる。

二　不可解なこと

宗谷海峡に日・ロ両国合意で新たに線引きされた「国境」とは、どのようなものか。新聞報道によれば、総領事館の開設は、河野・イワノフ両外相の「往復書簡」に基づくもので、本来一月一日開設の予定が遅れ、一月十六日の河野外相の訪ソによる合意によって、二十九日開設となったとある。

「帰属未定地」の領土確定と「国境」の策定という事柄が、国際的にも話題にならないはずはなかろう。だがしかし、今回の総領事館開設にかかわる諸動向を見る限りにおいて、その点で解せないことが多過ぎると私は思う。

その不可解な点を挙げれば、次の三点になる。

一、日本とロシア両国の相互合意に基づく領土の確定は、主権放棄国に譲渡権限無しとしているサンフランシスコ条約に抵触しないのか。

二、日・ロ両国の合意による「領土」の承認は、国家の主権にかかわる案件として、国会等の公的議案にならないのか。
三、マスコミ、ジャーナリズム、学会等が、この事実を報じ、論じることをほとんどしないのは何故か。
この稿は、そこを考察するのが主旨である。

三　ヤルタからイルクーツクへ

「樺太」の処遇を制約する始めは、ヤルタに於ける米ソの密約である。しかし、日本が受諾した「ポツダム宣言」は、トルーマンの独断からソ連に無断で、しかも英国、中国のサインもなしに、アメリカ一国の思惑の中で公表されたものである。それに基づく「サンフランシスコ講和条約」の主権放棄等、以後の「北方領土問題」のすべての演出が、アメリカ主導の米・ソ、米・ロの覇権争いの中にあることは、今日歴然の史的事実となっている。

今回の、三月二十五日の森・プーチンの「共同声明」は、一九五六年の「日ソ共同宣言」の出発点に立ち戻ったとの印象を拭えないが、唯一異なる状況が、旧「樺太」のロシアの領土確定である。そしてやはり、アメリカの変心であろう。五六年時の日・ソ交渉時に果したアメリカの干渉は、ダレスの恫喝に象徴され、さらにそれは、その年の九月七日付の「米国政府覚書」によって明確にされているが、日・ソ両国間の平和条約交渉とはとうてい思えない。敗戦国、日米安保下の日本としては止むをえまい。

私が注目するのは、日・ソ両国間で〈樺太放棄〉は決めてもいいが、領土の帰属交渉は認められないと決めつけ、最終的な「樺太」の地位の決定は、連合国によって国際的に決定するとしている点である。

この歴史的事実に即すならば、クラスノヤルスク以後の、「樺太」の地位に関する日・ロの合意は、アメリカの合意なくしては実現していないはずである。総領事館開設の三日前、ワシントンで河野・ライス会談が行われ、〈北方領土問題で日本の立場を支持〉と、新聞は報じているが、講和条約条項を含め、どのような相互了解がなされたのであろうか。ソ連の崩壊、沖縄新安保の発動といった事情がもたらしたアメリカの対応の変化に違いない。

四　日本政府の対応

九八年一月、ユジノに出張駐在官事務所を日本政府が設置した意味を、木村汎、末次一郎、西原正ほかといった当代きってのロシア通たちの編した文春新書『変わる日ロ関係』（安全保障問題研究会編）は、こう説明している。〈日本政府がサハリン南部をロシア領と認め、同地域の対日返還を求めないというシグナルを送る行為にほかならなかった〉と。とすれば、この出張駐在官事務所の設置こそが、領土や国境の決定への重大な選択であったはずである。

外務省国内広報課発行の『われらの北方領土・二〇〇〇年版』は、外交史や条約文書等百ページを越す詳細な資料を載せているが、この事務所開設の事実は、「日ソ国交回復以後の日ソ・日露関係主要事項年表」に、レセプションと開設の日を記録しているだけで、経緯はもとより、日・ロ合意がどのような文書に基づくかも一切記されてはいない。もちろん、国交の回復した両国間で、大使等の交流や領事館の設置等は、外交上当然の事務的事項で一々国会での審議を必要としないし、国際的認知も不要なことは承知している。

ただ私が拘わるのは、この総領事館の設置が、即、領土の確定と連動している事実である。日本の地図には従来、宗谷海峡と北緯五十度のところに二つの国境線が引かれていた。「樺太」がロシアの領土と確定すれば、北緯五十度線の国境線は当然消える。

従来の、帰属未定地との国境であった宗谷海峡は、日・ロ両国の国境として、新たに策定され、防衛上はもとより、漁業権の上でも、国際法上正式の両国間の取り決めがなされているはずである。しかしそれは、帰属未定時にすでに日・ソ間で協定され、実効価値を有していたとでもいうのであろうか。

ヤルタでの米ソ両国の合意が〈樺太の返還〉であったのを、トルーマンは、〈日本の主権放棄〉に置き換えた。今回のクラスノヤルスク合意は、日・ロシア双方において、一体、〈譲渡〉や〈割譲〉なのか、それとも〈返還〉なのか。それとも単なる〈承認〉であるのか。いずれにしても、日本政府が、五十年余に亘るソ連の不法占拠をどう処置しての措置なのか、樺太人ならずともその経緯を知る権利はあると考えるものである。

この件に関しての外務省国内広報課の見解は次のようである。「総領事館の設置は、サハリンにおけるロシアの実効支配が長く、現在では外国人の出入りが認められ、石油採掘をはじめとする日・ロの経済交流が盛んになっている状況からの措置であって、領土の如何については、主権を放棄した日本国にコメントする権限はなく、したがって今後とも、この件についての公的声明などはないだろう。」

外務省の返答はつねにこうであり、その理はその通りであろうが、検定地図上の措置や気象庁の用語上の配慮などに見られる、これまでの実際的な政府の対応を考えると、一人の樺太人としては納得のゆかぬものが心に残るのである。

五　マスコミ等の対応

私はこの三年間、『岩波講座　近代日本と植民地』全八巻本に、一篇の樺太論も書かれていないことを不当だとしてきた。一九〇五年から四二年の秋まで、「樺太」が日本の植民地であったことを、学者も忘れていると読んできた。

今回の総領事館開設を、九九年九月一日、「北海道新聞」二面片隅の「ユジノ事務所総領事館昇格二〇〇一年」という、わずか三十行足らずの記事によって、私は初めて知った。以後、他紙を含めて注意していたが、関係する記事を見ることはなく、今年一月二十四日に「北海道新聞」一面下に、十二行のスペースで「サハリン領事館29日に業務開始」と報じられ、開設日の二十九日には、「北海道新聞」と「産経新聞」とが朝刊でその事実を報じた以外、他紙は今日までまったく記事化していない。しかし、二月以降紙上の「樺太」地図上に北緯五十度線は消え、島全体を「サハリン」と表記している。

「樺太」の主権を放棄したのが日本国である以上、外務省の見解のように、国際法上、全ての権利権原および請求権が放棄されたと認識するのは当然である。したがって、「樺太」が「サハリン」となった事実をとやかく言おうというのではない。しかし、だからといって、「樺太」が「サハリン」となったことを、マスコミもまたほとんど無視しているのは、何故なのだろう。

一月二十九日の上記二紙の記事は、総領事館開設の意義を、「北方領土」問題の解決や経済交流の前線基地と位置づけ、日・ロ関係の懸案解決の環境整備を目的としていると報じている。日本政府が、総領事館の開設を一月一日に予定したことは、「北方領土」問題の二〇〇〇年内解決をも目途したことの結果であったと私は推測する。その辺を勘案するならば、二月七日の「北方領土返還要求全国大会」の席上、誰一人としてこのユジノの総領事館開設という新しい展開に触れず、話題にすることさえなかったのは、不可解であった。

「樺太」の帰属決定という事実は、文部省検定地図上の、五十余年ぶりの改変となる。地政学的にみても、必ずしも不問に付していいことではなかろう。しかし、今日、そのことを話題にしている気配はどこにもない。

「樺太」を深く愛してやまない樺太人もまた、どこかで諦めたというのであろうか。サハリン島全島に「樺太（サハリン）」とした在来の日本の検定地図に、日本の潜在主権を夢見てきた人は多かったはずである。

マスコミ、そしてジャーナリズムも含めて、この一月末の総領事館の開設に対するこうした一連の対応に、私はどうしても納得がゆかないのである。

六　むすび

日本の発行するすべての現状地図から、わが故郷の「樺太」の名前が消える。帰属未定地としての曖昧、主権を放棄しておきながら「樺太（サハリン）」を地図に残した主権国家としての曖昧、これらの曖昧の解消に正直ホッとする。しかしながら、この消え方の〈曖昧〉は、一体どうしたことなのであろうか。再びまた新たな曖昧を、地図上に描出しようという戦略なのであろうか。

文部省の検定「日本史」の教科書の「索引」からは、「樺太」はとうに消えて、無い。四十年の「樺太」の歴史が、日本の近代史の上にきちんと記録されることはない。満州や朝鮮や台湾となぜ差別されてきたのかを、やはり思う。『樺連情報』六〇〇号の歴史上にそこを問う主張がなかったのも、なぜだろうと思ってきた。

「樺太」を知らない人は忘れることもない。せめて、樺太で生まれ育った私たちの世代の者だけでも、「樺太」を記録し、後世に伝えてゆかねばならない。「樺太」の名を、「歴史」の中に位置づけることを、努力する時が来ていると思う。しかし遅すぎるとも。新しい世紀もまた、私には不可解な形で始まったと思うしかない。ともあれ、一九〇五年に始まった近代日本の領土「樺太」の歴史は、いま終わったということである。

（613号　2001年5月1日）

D　外から見た樺太像

樺太ブックレビュー――活字の中の〈樺太〉を求めて

はしがき

時折訪れる新宿の紀伊国屋書店にしろ、池袋のリブロ、あるいは神田の三省堂書店にしろ、八重洲のブックセンターにしろ、書棚の隅々まで見ても、〈樺太〉を書名とする一冊に出会うことはほとんど無い。〈サハリン〉とあるだけでも手にし求めてきたが、年に何回あるだろう。神田の古書店街でも書店側から、求める人さえ稀と語られる。

インターネットで〈樺太〉を検索すると、二万七千件ほどの書目類が見られるとはいっても、その事実が、たとえば学問研究分野とどれほどの直結も無いということも、書店の現状が語っている。世間一般の活字の世界から、〈樺太〉はほとんど消えかけている。

こう記す私自身、樺太を調べ始め書棚に分け入って、まだ六年を迎えたばかりである。活字の中の〈樺太〉について、少し紹介しよう。

一、若い友へ

十四歳の夏、別れを言う暇もなく樺太を去らねばならなかった私は、以後、通して生地を訪れようという気は無かった。樺太の領土主権を自ら放棄した日本という国家の、その主体のあり方を問うことの方が、私には意味があったからだ。

一昨年、樺連の仕事を兼ねたサハリン島への旅の誘いがあり、やがて百歳になる母の生存中に訪ねたらという妹たちの後押しもあって、五十七年ぶりの樺太への旅をしてきた。旅を前にして私は、改めて三冊の本を読み、一つの旅のエスキスとした。〈エスキス〉とは、下絵を意味する文芸用語である。

一冊は、**チエホフ**が記した『**サハリン島**』（**岩波文庫上・下**）であった。百年前、ロシアにとって流刑の島であるサハリンを旅して、チエホフは、いかに自由を望みつつ生きているかの捕囚のさまを克明に書いている。私はこれを読みながら、私の父母が、樺太に自由を求めたことの皮肉を噛みしめていた。

もう一冊は、**松元省平**さんが一九九八年にまとめたフォトエッセイ『**静謐のサハリン**』（**南船北馬社刊**）であった。松元さんは樺太に縁のない南国のカメラマンである。歴史の記憶からも解き放たれた彼の目のとらえたサハリン。何も無いはずの島を、無いままに写真が伝えていることに、私はホッとした。旅は、思った通りの草いきれを、ふんだんに私の土産としてくれた。

田中水絵さんの書いた、**『奇妙な時間が流れる島サハリン』（凱風社刊）**は、田中さんが、一九九二年からの六年の歳月をかけて島で出会い、共に生活しあった人々の、日々の生きざまを、実に親しみ深く記した本である。どのような人々がなぜここに住むかが、島の歴史とともに明快に示されていることで、〈樺太〉を含めた島の課題が、すべてさらけ出されている。誰もが読める平易な文体で、しかもおそらく、これほど多彩にこの〈移民の島〉を描ききった本は無いと、私は思っている。

私には、島の人々と語る機会はほとんどなかったが、田中さんが開いてくれた窓を通して、今日のサハリンを、いやあるいは、すでに変わりつつある資源の島としての明日の表貌を、空にまさぐってきた旅であった。

あと一冊、結局は旅の途次で見開く暇はなかったが、**徳田耕一**さんが書いた**ＪＴＢ**の旅のガイドブック**『ワールドガイドサハリン』（二〇〇二年刊）**を、私は旅の友とした。これほど、多くの旧樺太の写真とともに、樺太時代の街々のことを、なつかしそうに語りかけてくれる本は、今は無い。樺太時代の鉄道への懐古が二〇ページほども記されているが、日本領時代のインフラで今日なお残っているのも、鉄道だけである。自然を写す写真も美しい。若い人たちは、まずこの一冊から繙かれたらよいだろう。

以上の本は、求めれば書店でいつでも手に入る。チエホフを読みこなすのは大儀だろうが、この四冊を読むことで、島の運命の数奇さも、島民の、引揚げた私たちを含めての翻弄されつづけるさまざまな生の歴史も、そして現状も課題も、それなりの意味をもって読み手に考えさせてくれる。これが〈樺太〉なのだ――、と。樺太を問う課題は、ここにすべて在る。まずは自らの眼で、と私は若い人たちに期待する。

二、〈樺太〉を学ぶなら

歴史としての樺太と言っておこうか。鴨長明の『方丈記』風に言う〈すでに無くもはや無い〉樺太であったとしても、かつて在った日本の領土としての樺太が、どういう国土であったのかを学ぼうとする時、戦前の史観で綴られた西鶴定嘉氏の『樺太の栞』（樺太庁刊）は別格として、戦後の日本人はまだ誰一人通史を書いていないから、一冊の形でまとめて読むことは出来ない。次に紹介する本は、いずれも図書館などを利用しないと、手にすることの困難なものである。

断っておくが、私がここで言う〈樺太〉は、日露戦争以後、つまり、ポーツマス講和後に日本領土となった、いわゆる近代史の中の〈樺太〉四十年である。それ以前の、幕末から明治にかけての〈樺太〉については、私は疎い。ただ、私の読む限り、元北大講師の**秋月俊幸**氏の『**日露関係とサハリン島―幕末明治初年の領土問題**』**（筑摩書房刊）**が、もっとも信頼がおけ、学問的評価も高い。北大北方資料室の資料の精査に基づく氏の仕事は、その視野の広さにおいても他の追随を許さないし、今日〈樺太〉を研究対象とする歴史学者は、氏を措いて外にいない。新刊の平凡社刊『新版　ロシアを知る辞典』の中の〈サハリン〉の項も、氏が執筆されている。

〈樺太〉とは何であったかを、史的展望のもとに詳細に記したものは、**樺太連盟**が総力を挙げてまとめあげた、次の二冊以外に無い。『**樺太終戦史**』と『**樺太沿革・行政史**』がそれである。前者が約七二〇ページ、後者が約一二〇〇ページ。私はこの二冊に込められた連盟の熱い思いに感動するとともに、その文体の平易で明快なことにも驚いている。

北海道庁の全面協力の下、学者やジャーナリストを動員し、行政・産業・教育・文化・交通・通信等、あらゆる分野を網羅し、大量の資料に基づく、聞き書きまでも駆使した〈樺太〉の全貌は、まさに〈唯一の権威ある資料〉に間違いなく、〈樺太〉を学び知ろうとする者には、欠くことの出来ない一次資料として必読だと言っておこう。

だが、もちろん、事実に基づく資料としての有効性はあっても、この二冊を歴史書ということは出来ない。言うなら、〈ナゼ〉を欠いているからである。その意味で、公平な史観に基づく史的考察の上に記された、**J・J・ステファン**氏が書いた『**サハリン―日・中・ソ抗争の歴史―**』**（安川一夫訳・原書房刊）**が、唯一、信頼のおける樺太史となっていると私は思ってきた。もちろん〈樺太史〉は〈サハリン史〉の一部としての記述ではある。近年翻訳された現サハリンの歴史学者**ヴィソーコフ**氏の著『**サハリンの歴史**』は、樺太近代四十年の記述が僅か二〇ページにしか過ぎず、とても樺太史たりえない。

一冊を求めないならば、〈樺太〉は、北方領土問題や残留朝鮮人問題を扱った、和田春樹、大沼保昭、木村汎といった学者たちを始めとする多くの論者の書物の中に、要約する形で記されているから参考にされたい。ただそれらは、秋月氏の言葉を借りて言えば、まさに今日の国際関係史の中の〈樺太問題〉の視点で整理されていることは、注意を促しておこう。

この外に、通史ではないが、欠かせないものを一冊付け加えておく。**金子俊男**著『**樺太一九四五年夏—樺太終戦記録—**』（**講談社刊**）である。ソ連軍侵攻後の樺太全島の状況が、驚くほど広範囲に、しかも忠実に記録されていて、十分に評価が高い一書である。私には、日本が仕掛けた大東亜戦争の後始末を、なぜ樺太がこういう形で引受けなければならなかったかを考察するのに貴重な基本図書という側面があると思えているので、ここに挙げておく。

そして、故**荒澤勝太郎**著『**樺太文学史**』四冊。これは、むしろ貴重な樺太文化史として認識しているが、私にも手元に無い。手に入らないので、名を記すに止めておく。

（649号　2004年5月1日）

＊本稿は紙面の都合上、2号連載の前半を収録した。後半（651号）には「『樺太研究』の現状」と題して、主に研究者による論考が紹介されている。

――［クロニクル］

編者コメント

本章では、工藤氏が『樺連情報』紙で企画・執筆・編集に関わった記事タイトルを「クロニクル」と称して一覧化、併せて連載企画・特集記事に着目して時系列に整理し、在任中の取り組みの変遷を可視化した。集計結果は以下の3表にまとめている。

1. 記事分類一覧：氏が16年間にわたり手がけた記事全351件のジャンル別集計
2. 時系列整理：各ジャンルの記事がいつ執筆されたか、年次別に集計
3. 主要記事一覧：特集、連載など主要記事のジャンル別一覧

記事一覧の作成にあたっては、『樺連情報』縮刷版を参照し、筆者名がある（明らかである）ことを基準として抽出した。『『樺連情報』史』他によれば、氏が同紙編集に参画したのは1999年3月、初の企画としては同年7月（591号）の「樺太が呼ぶ声」とある。しかし、記名記事としての初出は2000年1月（597号）の「編集想見」（編集部藤上氏と共同）、特集記事としては同年4月の600号「持続する勲章：六〇〇号の意味するもの」がそれぞれ初出

である。

以降、工藤氏は2014年11月（775号）の退任までの間、全179号にわたり記名記事のみでも282件とほぼ毎号にわたり執筆を続けている。さらに併せて、「樺太庁長官物語」、「郷土の呼ぶ声」、「樺太点心」など、外部執筆者による連載記事の企画、紙面編集などの業務が行われていたことは、そのボリュームにまず驚かされる。

前章に収録した「グランドデザイン」、また一部の収録となった「紙の記念館」とあわせ、この一覧と時系列整理を、氏がその構想をどのように実現したかを読み解く一助とされることを願う。

工藤氏による『樺連情報』記事の分類一覧

ジャンル	分類	内容	件数
ニュース	委員会等報告	樺連内に設置された各種委員会等の会合報告	16
	外部イベント	全国戦没者追悼式、北方領土返還要求全国大会参加報告	10
	樺連イベント	新春の集い、総会等	11
	集い・つどい	学校同窓会、地方支部会合等	6
	訃報・追悼	物故者訃報、追悼記事	2
特集	『樺連情報』史	樺連情報の歴史と課題	1
	紙の記念館	連載外であるが、「紙の記念館」に位置付けられる取材記事	12
	アカデミア	外部の学術研究者との協力、連携記事	5
	樺太記念館	樺太関係資料館および移動展	9
連載（執筆）	樺太紙の記念館	（本書収録）	23
	樺太日誌抄	（本書収録）	6
	余言抄	（本書収録）	154
連載（企画）	樺太庁長官物語	歴代樺太庁長官の来歴、業績等を通した樺太植民・統治史	4
	樺太点心	外部研究者、メディア関係者等による「外から見た樺太」像	40
	郷土の記憶	樺太各地の場所を、地名とともに思い出に残す記録	25
文化	ブックレビュー	樺太をテーマとした新刊書を中心とする書評	5
	文芸	詩	2
広報・周知		編集部からの周知、小報道など	20
総計			351

上表からは、連載記事だけでなく、特集記事、さらにはニュース記事についても〈樺太を書き、歴史を紡ぐ〉という「紙の記念館」構想の中に位置付けられていることが見て取れる

『樺連情報』記事 時系列整理

	ニュース	特集	連載（執筆）			連載〈企画〉			文化	広報・周知	
			余言抄	樺太・紙の記念館	樺太日誌抄	樺太庁長官物語	郷土の記憶	樺太点心			
2000		1	1						1		3
2001		1	3								4
2002	1	1	7								9
2003	2	3	12						1		18
2004	5	4	12				10				31
2005	3	1	12				12			1	29
2006	3	4	12	3			3			1	26
2007	5	2	12	2						1	22
2008	6		12	1						3	22
2009	7		12	3					1	4	27
2010	4	3	12	1	2			7		4	33
2011	3	4	12	3	1			9	1		33
2012	3	2	12	3	1			9		3	33
2013	2	1	12	4	1	3		10	1		34
2014	1		11	3	1	1		5	2	3	27
	45	27	154	23	6	4	25	40	7	20	351

上表からは、特集記事の掲載時期や、連載記事の開始タイミングに着目することで、「『樺連情報』史」等に記された紙面構想、企画が経時的にどのように具現化されていったかが伺える

『樺連情報』主要記事一覧

【特集】

掲載	分類	タイトル
600	『樺連情報』史	持続する勲章：六〇〇号の意味するもの（2000.4）
613	紙の記念館C	曖昧がもたらすもの：「地図」の中の「樺太」について（2001.5）
630	紙の記念館D	サハリンの旅（2002.10）
638	紙の記念館C	いま哀惜の努力を　〈樺太〉を歴史とするために（2003.6）
641	紙の記念館C	いま、「豊原空爆」を考える（2003.9）
642	紙の記念館C	「豊原空爆」を回想する（特集豊原空爆・2）（2003.10）
649	紙の記念館D	樺太ブックレビュー（1）（2004.5）
650	樺太記念館	旧国境標石模型　完成式に参列して（2004.6）
651	アカデミア	樺太ブックレビュー（2）（2004.7）
653	樺太記念館	絵本のように大切に（2004.9）
661	樺太記念館	ふたつの〈樺太〉―プロジェクトチームの労作に接して―（2005.5）
672	樺太記念館	東京支部主催　樺太が呼ぶ春の移動展（2006.4）
672	アカデミア	北海道大学スラブ研究センター主催「第二回　日・ロシンポジウム」報告（2006.4）
673	紙の記念館B	情報レポート　豊原で、登別温泉に浸かった人は居ませんか？（2006.5）
677	紙の記念館C	外務省と懇談―「豊原市の戸籍簿」等の公開について―（2006.9）
686	樺太記念館	手触りのある故郷たち―資料収蔵室を訪ねて―（2007.6）

689	紙の記念館C	資料　南樺太の国際法的地位に関する日本政府の公式見解・抄—鈴木宗男氏の「主意書」集より—（2007.9）
719	アカデミア	北海道文学館樺太展　終了（2010.3）
720	アカデミア	日露戦争後の北サハリンの状況報告から（2010.4）
727	樺太記念館	北見移動展　「知る」から「理解」へ　——移動展の新しい方向性が示される——（2010.11）
733	紙の記念館D	写真で出会うわが故郷—後藤桂子写真展を観て—（2011.5）
736	紙の記念館A	日本統治期（一九〇五～一九四五）南樺太の薬剤師（吉沢逸雄氏）　解説（2011.8）
739	樺太記念館	仙台移動展探訪（2011.11）
740	アカデミア	「サハリン州国家古文書資料リスト」について（2011.12）
742	紙の記念館D	書棚の中の樺太よ—樺太会館　本部書棚から—（2012.2）
751	樺太記念館	ゆとりの中で樺太と対話　—新潟移動展—（2012.11）
763	樺太記念館	帯広移動展　樺太へ—回想と学習の場として—（2013.11）

（※）紙の記念館：A日露戦争時の樺太占領と植民史、B近代樺太四十年間の生活文化、C敗戦による島民の引揚げ、以後のソ連・ロシアによる実効支配後の変化、D外から見る樺太像

【連載（執筆）】

余言抄（連載：2000.1～2014.11）

掲載	タイトル
597	編集想見（2000.1）
614～634	編集余語（616号（2001.8），618号（2001.10）） 編集余言（614号（2001.6），621号（2002.1）～632号（2002.12）（この間、隔号掲載），633号（2003.1），634号（2003.2））
635～775	余言抄（2003.3～2014.11）

樺太 紙の記念館（連載：2006.2～2014.9）

掲載	タイトル
670	1　書棚に故郷を読むと（2006.2）
677	2　樺太渡島事始め（A）―「日本郵船　田子浦丸」事情―（2006.9）
678	2　樺太渡島事始め（B）―樺太占領―（2006.10）
682	2　樺太渡島事始め（C）―「田子の浦丸」前史―（2007.2）
684	2　樺太渡島事始め（D）―夢見た移住者たち―（2007.4）
696	3　資料　樺太拓殖策（2008.4）
708	4　蝦夷闔境輿地全図（解説）（2009.4）
713	5　届かなかった手紙（2009.9）
714	5　届かなかった手紙（続）（2009.10）
720	6　樺太の博覧会（2010.4）
730	7　「樺太新聞」昭和二十年八月十六日号（2011.2）
732	8　資料　樺太庁の緊急疎開措置（2011.4）
739	9　「社団法人樺太引揚者団体連合会」のこと（2011.11）
744	10　「豊原市職業別明細図」から（2012.4）
749	11　樺太庁『樺太要覧』抄（2012.9）
752	12　樺太　学校のはじまり（2012.12）

756	13	樺太の神社一覧（2013.4）
759	14	列車時刻表（昭和 20 年 7 月）（2013.7）
761	15	「日本語樺太方言」のこと（2013.9）
764	16	樺太の気象（2013.12）
766	17	樺太の国境（2014.2）
771	18	博文館刊『樺太寫眞帖』（2014.7）
773	19	サハリン（旧樺太）に建立の慰霊碑（2014.9）

樺太日誌抄（連載：2010.9～2014.2）

掲載	タイトル
725 ～ 766	樺太日誌抄―或る日の新聞の一面― 樺太日日新聞 昭和 16 年 1 月 15 日（725 号、2010.9） 昭和 16 年 10 月 25 日（727 号、2010.11） 昭和 11 年 6 月 18 日（733 号、2011.5） 昭和 16 年 10 月 2 日（747 号、2012.7） 昭和 13 年 1 月 5 日（763 号、2013.11） 昭和 14 年 1 月 31 日（766 号、2014.2）

【文化】

掲載	タイトル
598	書物往来　『奇妙な時間が流れる島サハリン』（2000.2）
633	書物往来（2003.11）
705	詩「美しき標本―豊原の少年―」（2009.1）
732	『ああ、樺太』を読んで（2011.4）
764	書評　小野寺英一著　『人間総業記　知床ウトロ絨毯』（2013.12）
773	『本斗町史』の誕生（2014.9）
775	詩「跡の跡は」（2014.11）

【連載（企画）】

樺太庁長官物語（2013.2〜2014.4）

掲載	タイトル
754	その（1）第六代長官 永井金次郎（山名 俊介）（2013.2）
757	その（2）第十三代長官 棟居俊一（鈴木 仁）（2013.5）
762	その（3）第十五代長官 大津敏雄（山名 俊介）（2013.10）
768	その（4）第十代長官 縣忍（鈴木 仁）（2014.4）

郷土の記憶（2004.3〜2006.7）

掲載	タイトル
647 〜 675	全25回 647号（2004.3）〜668号（2005.12）、670号（2006.2）、672号（2006.4）、675号（2006.7）

樺太点心（2010.6〜2014.11）

掲載	タイトル
722 〜 775	全40回 722号（2010.6）〜733号（2011.5）、737号（2011.9）〜742号（2012.2）、744号（2012.4）、746号（2012.6）〜747号（2012.7）、749号（2012.9）〜752号（2012.12）、754号（2013.2）〜756号（2013.4）、758号（2013.6）〜764号（2013.12）、766号（2014.2）〜768号（2014.4）、771号（2014.7）、775号（2014.11）

余言抄（２０００年１月〜２０１４年11月）

編者コメント

本章では、工藤氏が2000年1月から2014年11月まで、『樺連情報』の編集に携わったほぼ全期間にわたり書き継いだコラム「余言抄」を採録している。

「余言抄」はタブロイド版4ページ(年始号8ページ)の最終ページ下の1段、44行・528字による、いわゆる「後記」である。内容は多岐にわたるが、一つには氏自身の樺太「生活文化」にまつわるエッセイ、そして『樺連情報』紙面記事の解説やフォローアップが目に留まる。前章までにも記した通り、「紙の記念館」を読み解く補助線、脚注とされることを期待する。

また、繰り返される「書いてください」というメッセージ。精緻かつ大部となりがちな記事に対して、読者により身近に、「こんな形で」まずは自身の生活文化を記してほしい、記していこう、という氏の呼びかけとしても読めることに着目されたい。

＊……………………2000年

1月1日（第597号）

◆後世に樺太を残そうという樺太記念館創設事業の発動に合わせて、『樺連情報』も、樺太を記録する企画記事を載せてゆきます。樺太を知ろうとする人々に、手短に語りかける文章を書いてもらうのがねらいです。手始めに山谷永蔵氏に「樺太の教育」を執筆していただきました。つづいて島崎昭典氏の「樺太の気象」、新谷光通氏の「銀黒狐の飼育史」を、それぞれ二回完結で掲載します。生活習慣や街並はもとより商業や文化など、伸びゆく楽土としての四十年の樺太を記録するミニ樺太史といったものを多くの方々に書いていただく企画です。執筆したい方、書かせたい方があれば、テーマとお名前を樺連の方にお知らせ下さい。

＊……………………2001年

6月1日（第614号）

◇総会決定を経て、樺太会館内外の改装工事が始まっている。記念館への新たなアプローチも始動しているようである。そうした動きに合わせて、『樺連情報』にも「編集後記」を登場させ、新聞らしい装いをひとつ加えてみることにした。

◇森・プーチン会談の内容が今頃になって前首相の口から語られている。ユジノの総領事館について何が語られたのかを、政府はなぜ語らないのかと思うのみ。

◇〈幻の駅弁〉に関して頂戴した木村はつさんのお便りを掲載したら、多くの方々から問い合わせがあった。木村さんにも喜んでいただけた。今号から、八十六歳の佐藤さんの力作を載せる。長編だが、真岡の悲劇を、平和を願う思いで書き記された佐藤さんの確かな筆に、編集者として心を動かされたからである。読み継がれんことを願っている。

◇お気づきだろうか。今号から活字が大きくなっている。二月末の広報資料委員会において、矢野委員長からの提言があり、同意があって、検討の上実施に踏み切ったものである。委員会では、この「情報」についての一部の理事アンケートの結果なども報告があり、大いに参考にさせていただいている。会員のみなさんからの、ご意見などお待ちしている。

◇「記念館資料」記録はスペースの関係で来月号にまわします。

8月1日（第616号）

◇暑い夏が来る。晴天の霹靂だった敗戦の日、八月十五日の豊原。無念の記憶は残っていても、当日の空模様は、友人仲間でも定かでない。気象庁におられた島崎さんにお願いして、あの日の樺太の空模様の再現を。
◇七月八日のサハリン沖の小型機遭難事故で、九日の全国紙の夕刊すべてに、ロシア領となったサハリン島の地図が載った。帰属未定の解消理由の説明ひとつ、どこにも記されていない。
◇話題の『新しい歴史教科書』の中の〈樺太〉の記述を調べて驚いている。〈樺太〉の歴史は明治のポーツマス条約で終わり。ヤルタの密約に話題の一つとなったとあっても、ソ連の樺太侵攻はもとより、サンフランシスコ講和条約の領土主権の放棄に一切触れていないのはなぜか。樺太の帰属未定を記すはずもない。新しい歴史の教科書から消されてしまったわが故郷〈樺太〉。北方領土問題も、ただ一行で通り過ぎている。なぜ。

10月1日（第618号）

◇七月三日の、札幌での豊中・豊女合同同窓会、同期会に初めて参加する。五十七年ぶりの友どち。ついでに北大の北方資料館と道庁の文書館を訪れて、樺太に関する資料のリストを手にする。帰京にあたり、狸小路で求めたグズベリを、樺連事務局への手土産に。すっぱさと、あの姿形の懐かしさ。サンチンやオンコの実の豊原の街よ。

◇八月十五日というと、私の人生を大きく変えた一日として、毎年心して生きる。三年目になる武道館の式典。そして千鳥が渕、靖国神社と廻り、今年はその後一人で二重橋前広場を訪れた。誰も居ない広々とした白い玉砂利の上に立ち、敗戦の日のこの場の写真を思い返していた。平和は空白——。
◇六千人の黒ずくめの式典参列者の姿と、純ちゃんまんじゅう完売の夜店の賑わいの靖国の風景。真岡の悲劇を綴る佐藤さんの文章と、井出さんの抑留時のほのぼのとした交流の小文。寸前までに敵国同士が、力を合わせて戦後復興に当たると言う、世界史上でも稀有な歴史の跡を、ジョン・ダワーは『敗北を抱きしめて』で詳細に追う。そして、サンフランシスコ講和条約五十周年の日の社説で「産経新聞」は〈歴史的な選択の成功物語〉と書いた。この条約で、わが故郷樺太の領土主権を、国家は放棄した。
◇「曖昧がもたらすもの」の補足をする。七月、外務省から『われらの北方領土・二〇〇一年版』が出た。樺太の帰属未定はもとより、「地図」上の北緯五〇度の国境線、白ぬきの〈樺太（サハリン）〉もそのままである。七月のサハリン沖小型機遭難事故にせよ。韓国船のサンマ漁問題にせよ、すべての新聞全国紙の地図上は〈サハリン〉〈ロシア〉と明記。この曖昧は何だろう。

＊…………………………2002年

1月1日（第621号）

◇二〇〇一年の正月は、三日の北海道新聞に載った樺太の地図で目を覚まさせられた。ロシア領となっていたからである。二十九日の総領事館設置を軸に、地図や歴史教科書上の〈樺太〉を追い求めた一年となった。NHKテレビの「プロジェクトX」を昨日見たが、コンスタンチン君救出劇上の地図は、「ロシア連邦・サハリン州」となっていた。日本政府の曖昧は、何をもたらすというのか。わが故郷への痛ましさが残るのみ。

◇樺連本部で仕事をするメリットの一つは、北海道新聞朝夕刊が読めることであり、その紙面で〈樺太〉や〈サハリン〉の記事に多く出会えることである。十二月に入ってからでも、「戦後処理を求めサハリンで集会—残留韓国・朝鮮人—」（一日）、「ロシア　二島返還方針鮮明に—公聴会報告・副首相発言　交渉本格化か」（四日）、「日ロの生物に関する公開シンポジュウム」案内（五日）、「サハリンのパイプライン　三月にルート調査まとめへ」（七日）と続く。特に一日の夕刊一面の、「二季目もにぎわい稚内サハリン館」の写真入り記事は、全国紙では読めない、サハリンとの国境を越えた交流の様子がうかがえ、読む私の心にも、望郷の思いをそそられる。都合で三ヶ月ほど仕事を休ませてもらったので、なおさらの思いがするのかもしれない。

2月1日（第622号）

◇今日は成人の日。式典の様子を映像で見ていると、現在でも私の心を熱くする〈青春〉という、言葉もその生き方も、とうに死語化している現実を思う。自立の思想の消滅なのか。昨年話題を呼んだ本に、三浦雅士の『青春の終焉』がある。

◇二十世紀は戦争の世紀であった。故郷樺太が、一九〇四年の日露戦争の戦利品であったことを考えると、樺太四十年は、近代国家日本の、青春期の遺産であったかとも思う。そして、一九三〇年、昭和五年の誕生である樺太二世の私などは、壮年で歴史を閉じた樺太の青春期に生をうけた世代とも考えられようか。

◇三浦雅士は、〈青春〉とともに、〈郷愁〉や〈故郷〉という、言葉も生き方もともに前世紀で終ったと書く。樺太人が樺太を故郷と認識するようになったのは、何時頃であったろう。母校豊原中学校の校歌に〈郷土〉の語がある。樺太を忘れさせたくない想いとともに、郷土意識の考察もまた必要なのだと考えざるを得ない。

◇樺太記念館は、パンフレット作成に着手する。まずはハード面の具体化が心待ちにされることであるが、望郷の念だけでは、樺太を後世に記念として遺す力とはならない。〈故郷〉であった〈樺太〉の軌跡を言葉としても残してこそ、〈樺太〉が日本の歴史に刻まれ、記念となるはずだ。

4月1日（第624号）

◇鈴木宗男議員問題に一段落がついた。北方領土は、また少し遠くなるのだろう。政府の対露政策の十年は無駄か。一連の報道の中に、サハリン州ユジノサハリンスク市に日本政府が総領事館を設置するに当たり、鈴木氏が介入し、開設順序が逆転したという記事があった（毎日新聞二月十九日）。それが何を意味したというのか。その説明はない。
◇熊笹峠の遺骨収集の話が浮上している。稚内から指呼の間にある旧領土に眠る遺骨さえ、日本政府は積極的に慰霊することをせずに半世紀が経つ。豊原空爆の非道で亡くなった方々の人数もまた、どこにも正確な記録はない。このままで〈樺太〉の歴史は閉じるのか。
◇二月号のこの欄に、私は樺太が日露戦争の戦利品と書いた。史実である。樺連の労作『樺太沿革・行政史』三〇六頁、「南樺太の回復」の項にこう記してある。〈明治三十八年七月三十一日、樺太全島は明治三十七、八年戦役における戦果の一部として我領有に帰したのであるが、その後幾何もなくして、ポーツマス講和条約成ると同時に北緯五十度以北は露国に還付し、以南は我が版図に帰することとなった〉と。ロシア領であったサハリン島の軍事占領が、講和条約を有利にするための戦略であったことも、詳細に。あの島の人々は現在平和なのだろうか。

6月1日（第626号）

◇六月号の「文芸春秋」「諸君」「世界」が、

共にサハリンや北方領土を話題にしている。中でも「文春」が、ユジノの領事館開設の際の鈴木宗男氏の関与をルポしていて、関心を惹いた。

冒頭に、総領事館の設置を、条約局が、国際法上ロシア領と認めることになるので反対したことが記されていて、注目した。「諸君」の座談会で上坂冬子氏も、総領事館の設置を、〈他所の国と認めたこと〉と発言している。外務省見解は、国際法上どうなるのか。

◇「新潮」も黒川創の小説「イカロスの森」を巻頭に載せている。北サハリンのオハを主な舞台としながら、今日のサハリン島や島にとどまる人々の生活意識を鋭く問う作品である。役割の重いステファンの『サハリン』とともに、樺連の元理事の西村巌さんの著書『北緯五十四度』が参考にされている。少年時代を書き続ける李恢成氏の、「群像」連載「地上生活者」も三十回を重ねている。見え隠れする〈樺太〉よ、と思う。

◇豊原空爆の体験記が、少しずつ集まっている。しかし、求めている被害の実態を証す資料はない。樺太庁各支庁の被害状況報告の綴りのコピーが本部にあるが、なぜか豊原は無い。豊原空爆時に駅前広場で被害に遭った人々の多くが、知取からの引揚者であったことも原因のようである。

8月1日（第628号）

◇ロシアの優れた国際史の研究者ボリス・スラヴィンスキー氏が亡くなった。長谷川毅氏の追悼文が北海道新聞に載って知ったのだが、読者の一人として、まことに惜しいという思いがする。スラヴィンスキー氏が『考証日ソ中立条約』という著書の中で、ソ連の中立条約破棄を違反と書き、スターリンを批判したのが、一九九五年であった。『千島占領』『日ソ戦争への道』を加えた三冊が、樺太を問う貴重な遺書として私の書棚にある。

◇五月十九日、朝日新聞が一面トップで詳細に報じた内閣の北方領土対策上極秘の内部資料は、やはりと思いつつ、驚いた。九七年のクラスノヤルスク合意の際、ソ連による北方領土の不法占拠という視点を、日本政府が放棄していたというのである。ユジノの総領事館開設もなるほどと肯ける。なぜ政府は、合意内容を国民に隠しているのだろう。

◇ＪＴＢから『ワールドガイド　サハリン』が出た。写真も豊富で気配りがある優れたガイドブックであるだけでなく、この一冊が、樺太の歴史を語る貴重な記録となっていると私は思った。その原因は、鉄道事情を伝える七十頁の特集にある。会員の鎌田一雄氏の一文も載っているが、今日なお〈樺太〉を残し、島民の生活の糧にもなっているのは、確かに鉄道だけだろう。文明の絆を見る。

10月1日（第６３０号）

◇五十七年ぶりに、生誕の地、現在のサハリン島を訪ね、厳しい旅であったが心安まる思いをもって帰った。北海の孤島海豹島は壮観であった。保護という名の隔離がもたらす荒々しい大自然は、昔も今も変わるまい。変化はサハリンの南にあった。荒廃と混沌は息をのむ思いをさせるとともに、五倍以上に人口集中化を見せる新興都市ユジノサハリンスクとの不均衡は、予測のしがたい明日を考えさせられてきた。しかし、旧国境を超えたアレクサンドロフスク・サハリンスキーへの往復は、百年の貧しさと同時に、百年の安らぎをどこかにしのばせていて、歴史の皮肉を思ったりした。

◇演劇集団「天地」の、真岡の九人の乙女の非業の死を扱った芝居「樺太」を、東京芸術劇場中ホールで観た。舞台と同じ時間を〈樺太〉の地に在った私には、奇妙な感情を味わわねばならない思いがあったが、身じろぎもせずみつめる舞台であった。史実に合わぬ作り物の部分の致し方のなさや、舞台としての荒けずりのもの足りなさはあっても、事実の重みが底押しする〈悲劇〉性は、おそらく、戦争も樺太も知らぬ今日の若い人たちの心を打つものになったろう。終幕前のホリゾントに、南樺太の地図でもスクリーンで映し出されたら〈樺太〉が鮮明になったのにと思いつつ帰った。

12月1日（第632号）

◇私たち二人で編集を始めて、三年ほどになる。所期の目的であった紙面構成の基盤作りは、どうやら形を成してきた。機関紙としての市民権を得られたかと思うと、ホッとする。会員みなさんのご支援の賜物と感謝を申し上げる。それだけに先月号の校正ミスは、矢野さんや金谷さんにご迷惑をおかけしてまことに遺憾であった。深くお詫びする。

◇広報資料委員会報告の中にも書いておいたが、最近重いテーマの記事が多いせいか、投稿原稿に長文が多く、予期した特集もなかなか組めない状態にある。ありがたい現象でもあるが、一面、〈樺太〉の日常を記録しようという「情報」の意図が果たせぬ思いもある。ふと回想する樺太の何気ない自然の一景や、或る日の樺太の行事の一コマの、四百字以内程度の随筆が頂戴できないものであろうか。五十七年ぶりの訪問者の私の眼にも、ユジノの街のあちこちの草々の記憶が、少年時の思い出とともに鮮烈であった思いがあるから。

◇外務省刊『われらの北方領土　二〇〇二年版』が、九月末に刊行された。鈴木宗男問題を中心にした削除や修正の実際を調べてみたが、一切の責任を支援委員会の業務のあり方に収約している。年表からは島民の活動をすべて消し去って。日本政府の外交は極秘のまま。〈北〉は何処へ。

＊………………………………２００３年

１月１日（第６３３号）

◆ここに一通の手紙がある。〈昭和二十年八月の樺太引揚者利尻漂着の照会ですが、利尻町ではこれに関する資料が保管されていること現時点では見つかっていません。こちらで知ることができたのは、『北海道庁広報』第三八一八号（昭和20年10月11日）からでした。これから聞き取り調査に入り、漂着したご遺体をどのようにしたかがわかっただけです。したがって、遺品などは残されていません。〉稲原常務の問合せに対する、利尻博物館からの丁重なお返事である。戦闘の犠牲者と限らず、樺太で亡くなった方の慰霊はまだ不十分だし、記念館への努力もまだ手を尽くせるところがあろう。会員の皆さんからの情報が欲しい。◆九月末に出た『われらの北方領土二〇〇二年版』を、昨年版と比べて詳細に異同を調べた私の一文が、たまたま北海道新聞社国際部の手に渡って十二月五日の記事の資料となり、東京支社の山谷論説委員が本部の私を訪ねてこられ、八日朝刊の「卓上四季」となった。私の調査意図は、この小冊子のムネオ外しに見る、ユジノ総領事館設置のからくり探しにあったが、すべては〈支援委員会〉に〈種々の問題〉があっての一行で済まされた。あまりにも杜撰な消去のやり方に唖然とする。島民も国民も念頭にない。領土返還はどうなるのであろう。

２月１日（第６３４号）

◇新年を「国境の街」の唄で、連帯していただけたでしょうか。雪の白樺林の風景もまた、この唄の響く涯で、人生のタブロー（絵）を描いてくれています。産土の呼び声でしょうか。

◇記事化しておきましたが「正論」に、渡辺国武さんのお元気な熱弁が載り、私はうかがっていませんが、伝説の響き渡るお声が、誌面に満ちているようです。ハバロフスクを訪れた小泉首相の耳に届いたでしょうか。新聞で読む限り「日ロ行動計画」に〈北〉の行き先は一向に見えません。

◇昨年の四月初めにお届けいただいた花谷さんの文章が、ようやく載ってホッとしてます。衛藤会長や、木匠先生、小野寺一夫さんと豊中同期の方です。〈国や住人が変わっても、生まれ育った樺太の大地は現在も変わらない。それが故郷だ。行ってごらん。〉と。昨年も訪れて、十四年間欠かさず二週間程滞在され、ユジノで碁を教えながらの充実した生の旅。ゆとりを感じます。

◇〈樺太人〉の中に、訪れを拒否する、信念や情に忠実な人が在って当然です。また花谷さんのような、ユマニストも居て欲しいものです。おそらくお孫さんの人生の奥底に、我々世代が消えてもなお、魂の記念館が存在し続けるでしょう。父祖の地の〈樺太〉が、輝く星空として。感想をお待ちします。

3月1日（第635号）

◇西村さんのオハの遺骨収集の一文は重いで

す。戦争はまだ終わってないとつくづく思います。戦争はしないことです。だが、戦争を知らない世代だからでしょうか、戦争の必要性が叫ばれています。負ければ、本村さんがお書きになっている惨めさを、どの国の国民も味わわねばなりません。

◇前号でご紹介した「正論」の映画「氷雪の門」一連の掲載記事の件。三月号に本部稲原常務理事が、〈樺太に於ける大東亜戦争の末期的状況〉を紹介しつつ、樺太に関心をもたれる方はぜひ連盟にお立ち寄りを、という回答を寄せています。また、町田市の谷山さんから、二月二十六日にこの映画の上映会を催す旨の連絡が本部にあり、反響があります。

◇前号を読まれた会員から〈紙面の「サハリン」は消してもらえぬか。樺太にしてほしい。〉という電話が入りました。心情は十分にわかりますが、それぞれの文章の書き手の認識にまかせてます。日常届くすべての新聞は、〈サハリン〉と記してます。戦後の若い世代に語り継いでゆく必要も考えねばなりませんでしょう。

◇藤上・工藤で編集を担当して、ちょうど四年が経ちます。多くの方々の御支援を感謝してます。この辺で一つの区切りをつけ、編集長を交替し、工藤が分担します。二人で今まで通り努力してゆきます。

4月1日（第636号）

◇理事の井出章さんが亡くなった。昨年は布川尚夫さんが急逝された。布川さんはジャーナリストとして、井出さんは文学青年として、私の仕事を見守ってくれていたから、残念でならない。エディターシップを知る、数少ない言葉の人。合掌。
◇記念館専門会議の席上、衛藤会長から、樺太のオーロラが話題化された由。さっそく島崎昭典さんに電話して、今号の原稿となった。専門家がおられるのはありがたい。木匠先生が豊原でオーロラを見たとのこと。昭和16年なら、私も豊原に居たのにと思う。残念。
◇校正は怖い。前号の西村さんの題名を間違えてしまった。何度も見直したつもりであったが、照合ミス。原稿〈オハ〉を、印刷所が〈才八〉と読み違えて初校ゲラが〈第八収容所〉となった。黒川創さんの『イカロスの森』など、西村さんとオハとのことは十分知っていたが、文中の〈第二十二収容所〉のように、オハが〈第八〉番目の収容所と私自身が思い込んだようだ。深くお詫びをする次第。
◇一面記事にしたが、今年の北方領土返還要求全国大会は腑に落ちない。鈴木問題は国内の不手際であって、対ロシアの根本的な変革が生じた事実は、何ら報じられていないのではないか。運動である以上、少なくとも〈語り継ごう〉と動的に記すのが筋だろう。

5月1日（第637号）

◇二号に渡って「六十年目の帰郷」を書いた高橋秀一さんが、三月三十一日、写真を取りがてら挨拶に見えた。今日でテレビ朝日の報道の仕事を辞め、二日後にタイに行き、母校の早稲田大学が創る新しい学校の仕事につくとのこと。それを決心させたのが、昨夏の樺太の旅であり、祖父母の生き方、未知の地に雄飛した姿に触発されたから、と。そう語って去った。三十一歳。また一つ、素晴しい魂の記念館が出来たと思った。樺太三世に期待しよう。

◇新刊の『アイヌの歴史と文化①』(創童社)を読んでいると、北大の菊地敏彦が〈環オホーツク海文化〉を解説している。今日、考古学が熱く、中沢新一の説く〈環太平洋の環〉文明論は、カリフォルニア・インディアンと日本列島とが類似する縄文土器で結ばれている事実を踏まえ、シベリアも北米大陸も含めての、壮大な領域を一望させてくれている。埴原恒彦のオホーツク文化期人、川勝平太の海のアジア論など、視界の広さにびっくりする。そしてそこに樺太もサハリンも、縦横に語られている。争奪の史観から解き放たれた樺太観が、やがて記念館を通して語られる時が来よう。丸山さんに考古学の稿をお願いしたいわれである。

◇この欄、体調を崩している藤上君が、おいおい書くとのこと。

6月1日(第638号)

◇ゴールデンウィーク明けの青山ブックセンターの書棚に、ニコライ・ブッセ著秋月俊幸訳『サハリン島占領日記一八五三—五四ロシア人の見た日本人とアイヌ』(東洋文庫)を見付け購入する。四月の新刊。チエホフも読んだとあるブッセの、日記に関する訳者の長文の解説を、ゆっくり読みながら、〈占領〉という言葉から自由にはなれない、故郷の歴史を考えている。
◇検定教科書についての公的要望の仕事のお手伝いをする。二十年、教科書編集の中心にあって、検定にも何度も立会ってきたから、熟知している分野である。それにしても、授業終了後の生徒たちの教科書の扱いが気になる。ほとんどがゴミだろう。なお中・高が使用している検定教科書中の〈樺太〉についいては、すでに樺太豊原会発行の『鈴谷』十九号に、そのあらましを、「歴史が歴史を消してゆくとき」と題して公表してある。
◇文部科学省への仲介を願った山口眞さんは、「情報」五八四号の「新樺太人脈」で紹介済みの方である。豊原では、女学校裏の官舎で、早坂理事や元理事の大和義則君らと共に、私の隣組仲間というご縁である。
◇うろ覚えはいけません。前号この欄、〈**埴原**恒彦〉氏、前々号「訃報」欄、井出さんの〈豊原一校同窓会会長〉、いずれもこう書くのが正しい。反省してます。

7月1日（第639号）

◇早く『ロスケタンポポ』を上梓して親しまれた佐藤れい子さんが、二年前に発表した小説「おくつき」で今回、第46回農民文学賞を受賞され、みどりの日に表彰された。伊藤桂一、秋山駿らの選である。立派なことである。お祝いを兼ねて、急いで一文をお願いした。
◇表題の〈おくつき〉は墓のことである。主人公の紀代は、終りにこう記す。骨は流氷のオホーツクに撒いて欲しいと。私もまったく同感である。産土の樺太への想いをじっくり煮込んだ作品を読みながら、墓を樺太の大地に求め、骨を埋めようとした樺太人はどのくらい居たろう。道庁など公的機関にその記録は無い。樺太におけるお寺さんの歴史はどこで読めるのだろう。

◇岩波書店から、佐藤・駒木共著『検証 日露首脳交渉─冷戦後の模索』が出て、主に橋本龍太郎・エリツィン二人の駆け引きがビビッドに描出されている。このドラマの彼方にどんな〈樺太〉を見るのか。私はこの書で、ユジノに出張駐在官事務所を開設することが、一九九七年五月二三日の、池田行彦・プリマコフ両外相による「覚書」で決まったことを初めて知る。先日小泉・プーチン両首脳の話し合いが、水の都サンクトペテルブルグからエビアンにかけて行われた。水に流されることのないようにと願うのみである。

8月1日（第640号）

◇明治神宮境内、JR信濃町駅寄りの絵画館前にある、北緯五十度線の旧国境のレプリカを、久しぶりに訪れる。中部支部の友人が上京するとのことで、豊原一校の同期三人の邂逅をはからった。八月十五日前後をこもごもに語り合いつつ、この〈国境〉のもたらした国の運命をもまた、しみじみと感じ合ったりした。

◇また、夏が来る。〈豊原空爆〉の特集をと思いつつ、今ひとつ、資料が精彩を欠くこともあって、ご投稿いただきながら、紙面を飾れないでいる。一体、何人亡くなったのであろう。お名前一つ、記録がない。私の友が亡くなっていない保障もないと、思っている。

◇暇を見ては、樺連がまとめた『樺太年表』の、昭和二十年の各項目を、時系列に並びかえ、その傍らに、沖縄戦史と本土空襲を記し、八月十五日まで、なぜ豊原はあれほどのどかであったかを考えている。樺太の敗戦の迎え方の特異性。知らず、知らされずにあったこともまた、大きな罪であったはずであることをも。

◇〈九人の乙女〉を記した、「正論」臨時増刊号「靖国と日本人の心」と、「サハリン残留韓国・朝鮮人問題」の討論を載せた、「世界」の八月号が、並んで店頭にある。めぐり来る日本の夏に、〈樺太〉はまだ、こうして、終りなきことが示されている。

9月1日（第641号）

◇八月十五日。四年間参加した全国戦没者追悼式に今年は行かず、自宅で、白寿を迎えた母の枕もとに座し、豊原でのあの日のことを、一人言で語りかけていた。樺太に、八・一五の終戦は存在しなかったとも――。

◇念願の〈豊原空爆〉をまとめる。限られた紙面、出来るだけ事実に即した記録としての資料でという意図での、この特集。停戦成立後の、白旗の下の、疲れ切った避難民と知っての無差別爆撃。このソ連軍の暴挙を許すわけにはゆかなかろう。島民はみな戦争は終わりと思っていたのに、終わらせようとしなかったのは、何だったたろう。なぜ大泊でなく、豊原の駅前なのか。なぜ停戦成立後なのか。そしてポツダム宣言の受諾は、帝国軍隊の無条件降伏ではなかったのか。そしてなぜ、この空爆は正史に記録されず、慰霊もされずに今日あるのか――。考えてよかろう。
◇青山ブックセンターに立ち寄り、心していた久世光彦の『昭和恋々　PartⅡ』を買う。五年前の一冊ともども机上に開きながら、この本の〈あのころ、こんな暮らしがあった〉写真と文章とを楽しんでいる。〈樺太恋々〉、いいなあ、と。ナナカマドの青い実を弾とした竹鉄砲や、リュックサックにスコップを担いだ中学の冬のスキーの登校風景は、ここにないから、と。

10月1日（第642号）

◇二年ほどをかけて、一人コツコツと読み、調べてきた〈豊原空爆〉の特集を、これで終える。すべて他人の証言で概要を紡ぐ手法を用いて、少しでも客観的な歴史の記録としてみたのだが、なんとも課題の多い出来事である。
◇初めは記録の無化への疑問視であり、やがて慰霊さえ行なわれないことへの不信感となり、結局は、樺太の〈終戦〉が孕む日ソ両国の思惑の、見事な交差点となっていること。その、象徴としての〈空爆〉であったことが、理解され、それが、置き忘れられる原因となったというのが、私のいまの思いである。死者を無名にしていいとは思わない。
◇今回は、活字になったものは置いて、生々しい体験者の、今回の特集に応じた投稿原稿から、これも部分の引用を綴って〈特集〉とした。載らなかった投稿者の方にはお詫び申し上げる。それにしても、今回の四人の方は、お歳が七十九歳から九十歳。見事な語り部である。そのことが、歴史に残すべき大切な史実であることの証明ともなっていよう。

◇前号の特集中、小林篤司氏の文中の、小笠原丸遭難の日が違っていた。二十二日が正しい。原典に忠実にと拘りすぎたミスである。その検証で気付いたのだが、樺連刊の『樺太年表』の年表自体に、三船遭難の記載がない。気になる。

11月1日（第６４３号）

◇「未知なる〈北の楽園〉紀行　サハリン縦断」というタイトルの一時間五十分番組を、この九日、ＮＨＫハイヴィジョンテレヴィで正座して見た。宗谷海峡の船上で眺めやるコルサコフ港から、ノグリキの石油や天然ガスの生産施設の紹介に至るまで、映像と語りを通してたっぷりとサハリン島の探訪を報告していた。

◇しかし、見終った私の心には、しっくりしないものが残った。ポロナイスクからノグリキに至る、大自然の景観や観光の楽しみと、新しいエネルギー産業への期待の眼差しの中に、〈北の楽園〉のいわれはあるのだろう。だが、漁業や炭鉱などの過去の資源の島の映像と、残留朝鮮人の方の家族の物語のみが語られていて、四十年にわたる、日本人の生活文化を語る日常の映像は全くなかった。〈樺太〉という言葉だけが、宙を漂った。

◇十日、明治記念館で豊原一校の同窓会総会が開かれ、九十余名が歓談した。その際、一校の校歌がテープで流され、手にした楽譜をみんなが熱心に見つめ、唱和をした。実は、参会者のほとんどは、この一校の校歌を知らない。在学中に歌った覚えが全くないのである。〈作詞北原白秋、作曲不明〉と記される校歌。歌われなかった理由も、誰も知らない。校歌のなかった学校。この謎を、誰方か解いてくれないものか。

12月1日（第644号）

◇〈空にちりばむ北斗星／護れ伸び行くこの緑〉と歌い始める校歌の歌詞のどこに、時流に反した思想があるのか。第二連の〈誰が拓きしその麓〉に、不適切な感情をもつことがあったとでも言うのだろうか。

◇前号、土井晩翠作詞の泊中校歌に関する日下部さんの記事の縁で、この欄に、豊原一校校歌の謎を問いかけてみた。上原朗子さんからさっそく一文を頂戴した。こういう対話は、どういう話題であっても、編集子にはうれしいものである。ただ、上原さんの文章で謎が解明されたわけではない。上原さんの文中にある豊原高女の校歌の怪とともに、妙にミステリアスである。あるいは何かの単純な出来事なのかもしれぬ。時代の。

◇十月号「余言抄」の末尾に、三船遭難の記載が『樺太年表』自体に無いことへの疑問を提示したら、札幌の藤野喜久雄さんと矢野理事から、私の誤りとのご指摘があった。調べたら、二六七頁の「社会・文化」欄に記載があった。誤りを訂正し、お詫び申し上げる。

◇しかし、「五・29愛郎岬沖合いにて千島転用部隊、雷撃を受け一部沈没」が「政治」欄、

「八・20真岡郵便局電話交換手九名殉職自決」が「経済・産業・技術」欄、緊急疎開者の三船の不法爆沈がなぜ〈社会・文化〉欄なのだろう。統一した史述に、と思う。

＊……………………２００４年

1月1日（第645号）

◇明けましておめでとうございます。兼好法師が〈かくて明けゆく空のけしき昨日にかはりたりとは見えねどひきかへめづらしきここちぞする〉と書いてます。新しい眼で、と思います。

◇この一年は、少し心して衣更えをしてみました。四年越しに調べてきた〈教科書の中の樺太〉から、文部省への要望書に協力をしました。関連で補足をしますと、中学・高校の検定の歴史教科書を発行している全十六社に、樺太の扱いの不当性を会長名で抗議しましたが、今日まで一社の返事もありませんでした。

◇〈豊原空爆〉は二年かけた企画でした。西海岸に比べたらさほど死んではいないだろうという、納得のいかないお便りが会員からありました。西と東、国境地帯と豊原・大泊、〈樺太〉と一概には括れぬ現実の差を教えられます。体験の違いはあっても、いづれも同じ〈樺太〉の経験でしょう。

◇二〇〇四年は、樺太で生まれ育った者同士にとって、何かなつかしく心あたたまる思い出の企画を始めたいと考えています。テーマはとりあえず〈郷土の記憶〉としようかと考えています。

◇そしていよいよ日露戦争百年の年です。先日テレヴィジョンで、イラク戦争とシベリア出兵の対比を語る政治学者が居ました。〈樺太〉が語られる年になるのかもしれません。

2月1日（第646号）

◇昨年十月の理事会で初めて話題となった、札幌の古書店弘南堂書店刊の『及川文庫樺太関係書目』を、よく開いてみる。大泊中学を卒業され、引揚げ後札幌に住まわれて、市の環境局長まで勤められた及川藤男さんが、生前、昭和三十七、八年頃から集められた「樺太コレクション」のカタログで、一四六三点に及ぶ。

◇平成十三年八月の刊ということで、私がその年の二月に札幌の南陽堂で聞いた、樺太のコレクター三人のうちのお一人なのだろう。この新春に「目録」となる由だが、私は古書のカタログというより、分類を通して眺めやられる、印刷文化の中の四十年の樺太の姿が興味ある。豊富な写真が何より楽しい。しかし四十年は若いのだろう、生活文化を語る書目はほとんど見当らない。神社史はあっても仏教の普及を語る寺史は無く、探している「樺太新聞」は一部も無い。東京神田の古書店の書棚に、樺太の影はほとんど無い。

◇こうした古書の記録も樺太なら、いま記録される樺太にも、倍する価値がある。掌元に、事務局の西山隆さんから拝借した東京本斗会刊の小冊子三冊。本斗時代中心の映画、本斗今昔、そして今回の学び舎、いずれも三部作で計九冊とのこと。編集の見事さにも舌を巻くが、何より資料としてが素晴しい。ご紹介。

3月1日（第647号）

◇スタートの遅れた「支部紹介」を、今号から始めます。今号の紙面でもご紹介する、中部支部の目ざましいご活躍ぶりがありますが、それぞれの支部のみなさんの、その支部にふさわしい日常が伝わるよう、自由にお書きいただきたいと各支部長にお願いしてあります。
◇編集独自の新しい企画、「郷土の記憶」としての〈私の――〉も、三面でスタートします。樺太の地図を眺めていますと、樺太は、隅々まで開拓され、人々が住み、その土地で生きてこられたことがうかがえます。しかし、私などは、地名の読み方さえ知らない場所が何と多いことかと思うのです。
◇樺連でお会いする方は、どうしても市街地で生活された方が多いのです。ぜひ、いまは話題にすらならぬ樺太のひとつひとつの場所を、その地名とともに思い出を、この「情報」に残して記録しておきたいというのが、この企画の真意です。戦前の思い出ならば、生まれ育った地でなくともいいと思っています。字数は八〇〇字以内と限られますが、（今回のみ初回なのでオーバーしてます）文章は問いません。書いておきたいという思いが記す文章が文章だといつも思っています。
◇次号以後は、佐知、愛郎、多蘭泊、鵜城、と原稿を依頼済みです。多くの会員の方の、楽しみな自由投稿を期待しています。

4月1日（第648号）

◇記念館の場所が道から明示され、赤れんがの一角という。かつて十五年札幌に住んでいた者には、何より懐かしい。白樺林の中の白亜の殿堂であった樺太庁長官邸を想いつつ、アカシアの街路樹に隙間見る赤れんがの樺太記念館を、と。
◇資料の収集はより必要性を増すことになろうが、焦点は、〈記念館〉としての様式や運営の構想に、意がそそがれる段階になるのだろう。「記念館コーナー」は今号で終りと、矢野理事からの知らせが届いた。ごくろうさまでした。
◇山口眞さんからの寄稿文がようやく載る。三分の一に縮小させていただいたが、世界三十六ケ国を歩いて研究を続けておられる山口さんの経験が、〈樺太〉を後世に残す大きな力となってくれることを期待する。東京オリンピックの際の女子選手村の副村長をされた山口さんの気さくさで、樺連の話題を、機会あるごとに、各国各界の方々に配って宣伝して下さっている。
◇前道連事務局長の西村巖さんが、新刊の『帝国書院の復刻版地図帳　地図で見る昭和の動き　解説書』の中に、「サハリン（旧樺太）」を担当されている。改めて、われらが樺太の置かれた数奇な足跡を考えさせられる。
◇紙面の都合で、第十四回樺太記念館専門会議の報告は、次号まわしになりました。

5月1日（第649号）

◇街道の桜も、庭の海棠も満開です。しかしこの花花も、やがて視界から消えてゆく。生命の摂理とは知りつつ、ある淋しさは拭えないものです。まして今は。
◇記念館の場所が決まり、いよいよ、その装いを志向する時が来始めてます。〈すでに無い〉ものを、どう形あるものに再現するかという営みだなあと、心してみつめています。会員のみなさんも、一人一人の〈樺太〉を、どう記録すれば、私たち無き後にも、〈私の樺太〉が在ることになるか、そうお考えでしょう。「情報」の眼差しも、その一点をみつめることが、使命になろうと、私は考えています。

◇近代日本の中の四十年のわが樺太。単に領土だったから、その生地だったから、私たちは〈樺太〉を後世に残そうとしているのでしょうか。それもありでしょう。許せない苦闘の記憶の地であった方もおありでしょう。私などは、心豊かに育てられた島の日々を思うと同時に、あの、難民を強いられた引揚げを体験して、たくましく生きられたという思いもまた、強いのです。

◇すべては、あの南樺太四十年の歴史が在ったからだと思えませんか。しかもその〈樺太四十年〉を、私たちは、どれだけ知っているのでしょう。学ぶことから始めてみませんか。私たち自身のこととして。そう考えています。

6月1日（第650号）

◇最近の「情報」の傾向について、会員の皆さんにご説明とお願いをしておこう。今月号が際立っていると言わざるをえないが、紙面が固いとお思いの方が多いと思うからである。そしてその傾向を強めてゆこうと、私が望んでいるわけでないと思っているからである。

◇会議報告が長文化していることを主に、事務局からの活動記録が多くなっていることがあろう。「情報」が機関紙として、会員の皆さんに連盟の活動内容を出来るだけ詳しくお伝えするのは、当然の義務である。まして今は、連盟の最大の課題であった記念館設立の件が、一気に進展し実現を見ることになったので、その経過のフォローは、「情報」の責任でもある。同時にこれからは、その展示や運営についても、皆で考えてゆく時が来ているとも、私は考えて紙面を工夫している。

◇お願いは投稿である。率直に言って、この一、二年投稿は極めて少なくなっている。そしてその投稿は、出来るだけ、敗戦に至るまでの島民の生活文化や、産業経済の回想記録を内容としてほしいものと私は願っている。子供時代の遊びの思い出であってよく、あるいは墓地の話にしろ、魚釣りの記憶にしろ、樺太の生活が思い出されるものであることを望んでいる。「情報」になぜかそれらの記録が少なすぎるから。

7月1日（第651号）

◇六月七日の朝日新聞夕刊に、記念館開館が決まった北海道庁舎の記事が、写真入りで大きく載った。〈赤れんが庁舎で結婚式いかが〉、〈北海道、貸し出し案〉とタイトルにある。〈年間三十五万人の観光客が訪れる市内でも人気の観光スポット〉。その庁舎の一部が記念館になり、そこに、先日見てきたあの中部支部の方々の浄財で造られた国境標石が置かれるのだと、思う。多くの日本人が、初めて〈国境〉を知ることになろう。重い感慨を持つ。
◇NHKラジオの深夜便で、六月九、十の二日間、朝四時からであったが、著名な児童文学者神沢利子さんの、故郷樺太への懐旧談を聴いた。八十歳のお年とは思えぬ、若々しいお声にも驚いたが、何よりも、敷香周辺での生活の中の、大自然との触れ合いが、実にみずみずしい感受性に彩られた言葉によって語られていて、感動を覚えた。ふと、〈ソネットは言葉によって語る〉という、詩人マラルメの言葉を思い出した。
◇「樺太ブックレビュー」で紹介した、北大工学部教授の角さんから、お便りを頂戴した。七月の末に、中知床岬、宗仁岬、二つの灯台の取材に行かれる由。それにしても、貝塚氏の設計された樺太庁博物館が、樺太唯一の帝冠式建築であることを、満州などと比較して考えている。

8月1日（第652号）

◇毎日三十度を超える暑い夏。しかし、一向に熱くならなかった参院選挙。やがて八月が来る。六十年が経つのか。国境を越えたソ連軍の侵攻から引揚げの中断へ。あの激動の島の日常が、いまもなおありありと脳裏を走る。「方の会」の九人の乙女の死を問う芝居も観た。そして、声無く死んだ人々の生命を思うことしきりであった。慰霊の月に、樺太関係資料館はオープンをする。想いは熱い。
◇曽我ひとみさんの家族再会のニュースを、毎日のようにテレヴィジョンで観ている。〈一年九ヶ月か〉と呟きながら。一人樺太に残された父が、或る日突然わが家に帰ってきた日のことを思い出している。一年六ヶ月の、生死さえ知ることのなかったのが、私たち家族であり、父でもあったろう。何がそうさせたというのか。国賓以上の待遇を受けながら、国民の熱い眼差しの中にさらされている一家に、はたして日常は戻ると言うのか。平凡な人間の日常の生とは、どうしたら保てるのだろう。異常に暑い夏の日の感想である。

◇理事に推挙された。編集という仕事は、本来はつねに黒子の作業である。今回は、稲原新会長の「情報」重視の方針から、編集担当の私にお声がかかった。来月号からは、理事の眼が要求されるというのだろう。心して努力しよう。

9月1日（第653号）

◇樺太人念願の樺太記念館がオープンする。〈樺太関係資料館〉として。主管する道庁の思惑の中の〈関係〉とは、何を意味するのかを考えながら、本部事務局の一員として札幌に出向いた。

◇暑い札幌であった。それにしても、一月に知事の赤れんが庁舎指示があって、わずか半年のオープン。整然と丁寧に展示されている各資料に触れつつ、処理に当たられた道連の方々の御苦労をただただ偲び、立派なことと思っていた。

◇はまなす色の入室時のボードにしろ、島を記すブルー一色の広漠たる海峡のボードにしろ、この記念館テーマは歴然であろう。望郷という記憶の叙情歌が奏でる樺太人の熱い想いの迸り。訪れる人々にどれだけ伝わるか。ぜひ伝わって欲しいと思いつつ、〈歴史〉化する工夫の必要性を、見終えた後、廊下の端から札幌の街並を眺めて、しみじみ思っていた。かつて札幌に十五年住み、戦災に遭うことのなかった都会人の思惑に戸惑ったから。そしてまた、「樺太島歌」に、選者であった亡き父の、樺太への思いを噛しめてもいた。
◇今号は、考えた末、式典と祝賀会の三者のご挨拶を、多くお載せした。お三人の言葉の端々に、今日に至る記念館の重き足取りと、その意義の重要性とが、十分に偲ばれると読み取ったからである。

10月1日（第654号）

◇かつて札幌の古書店の書棚でふと出逢って求めた、郷土の俳人小林寒夜の句集『樺太抄』の中にこうある。

　はまなすのにほふがごとくをとめたつ

　玖瑰《はまなす》やひとつら巨き波がしら

　樺太関係資料館入口のはまなす色のボードの鮮烈。樺太立つ、と。先月の開館記念号のカラー化は、いかがだったろう。
◇前号で予告した展示リストの掲載は、準備と工夫が要るようで次号以降にまわす。それにしても、前号一面に掲載した高橋知事の挨拶と衛藤名誉会長の祝辞の違いを、十分に読み解いてもらいたいと願う。資料館の位置の明示がある。それ故の稲原会長の祝賀会での挨拶が、記念館の一つの方向性を示しているのだから。
◇今号にお載せした原稿はいずれも五月の投

稿である。記念館開設に当たっての、時機を踏まえた必要性が先行されたから、なかなかスペースが開かず、多くの原稿が滞っている。だから、寄贈いただいた資料リストの掲載が、溜まっていてご迷惑をかけている。必ずご紹介するのでお待ちいただきたい。
◇連載企画「郷土の記憶」の投稿が全く無い。数年前の故藤上君の調査でも、樺太時代の地名の65％は消滅している。今残さないとと思う。思いきって書いてほしいものである。

11月1日（第655号）

◇先月末、ご紹介する方があって、財団法人太平洋戦争戦没者慰霊協会理事・事務局長の秋上眞一さんと、偕行社でお会いした。この夏、サハリンにある日本人墓地慰霊碑を各所に訪ねられたので、そのご報告をうかがうためであった。同行された富樫利男さんもご一緒で、当方は稲原会長と私がお話をうかがった。厚生労働省の委託で、グアムやシベリアなど各地の戦跡に建てられた慰霊碑を順次に訪れて、相互の信頼と慰霊をするのが目的の財団とのことであった。今後もさらにサハリンに関心をもっていただいて、慰霊はもとより、樺太を伝えるお仕事をしていただけるとうれしいという感想をもった。
◇今年はチエホフ没後百年の記念の年で、北大のスラブ研究所のシンポを初め、演劇祭や、近代日本文学館でも記念の行事が行われてきた。『日露領土紛争の根源』を上梓された長瀬隆さんが大活躍で、多くの話題が提供されたようである。もちろん、チエホフの労作『サハリン島』が、さまざまに問い直され始めていて、〈樺太〉が世の人々の注目を浴びることになれば、私たちとしてもうれしいことであろう。

◇前号は少し慌ただしくて、校正ミスが目立ってご迷惑をおかけした。〈相続と遺言セミナー〉は、昼食込みで**二千円**でした。訂正いたします。

12月1日（第656号）

◇終りの終り方をいろいろ考えさせられる。私の掌元に、樺太師範学校同窓会の解散記念誌「すゞや」と、樺太公立知取高等女学校中学校同窓会の「同窓会誌なゝかまど　最終号」、樺太豊原第二小学校同窓会の「ロスケタンポポ」最終号、以上三冊が届いている。いずれも会員が高齢化したと記されている。樺連会員の平均年齢は七十五・五歳ほどと言う。私たちの見るべき明日は何だろう。情報担当としては、少しでも樺太を記しておこうと思う。

◇私の若い時代に友人であった西部邁君が責任編集をしているので購読している「北の発言」の10号が、先日届いた。樺連会員の吉田甲一さんと前田和熙さんが〈樺太〉を語っていて、楽しい。「情報」もこうした座談会を載せたいものと思うのだが。それにしても、お二人が、豊原と追分を基点にして樺太の風物を語っておられるのだが、同じ豊原に在った私の豊原風物誌とは、ずいぶん異なる。樺太は多様とつくづく思う。

◇最近読んだ本の内、もっとも心に残っているのは、セルゲイ・P・フェドルチューク著『樺太に生きたロシア人』(日本ユーラシア協会)であった。訳者板橋政樹氏の「解題」の重みもさることながら、同時に、敗戦後に南サハリンに残った日本人の運命をないがしろにはできないと。

＊……………………………2005年

1月1日（第657号）

◇明けましておめでとうございます。平穏な年でありますよう。〈年の初めのためしとて終わり無き世の――〉と歌いましたね。人の世にも、この地球環境にも、〈終わり〉があることを知るからこそ、〈終わり無き〉と歌っていたのかと、つくづく思ったりしています。
◇新春の集いで赤れんがの提供を初めて知り、八月二日の開館、そして今年二月のリニューアルへ。樺太関係資料館とともに息せききっての、この一年の「情報」編集でした。「郷土の記憶」の企画には、多くのご賛同を得て嬉しく思いましたが、書き手が見付かりません。樺太時代の**地方の村々の名**は、ロシアの地図からは六分の五以上が消えてます。それ故にこそ、「情報」を、活字文化の資料館にと思うのです。**消えゆく地名**の思い出を、ぜひ「情報」に、ご投稿下さい。お待ちします。
◇ご投稿いただいたり、ご依頼したりした原稿が溜まっています。四ページの空間にはなかなか収め切れませんが、諦めずにご投稿いただきたいと思っています。**毎月原稿の締切りは五日**ですが、ご投稿原稿の掲載は、余裕を下さい。
◇藤上君の急逝もあり、私自身の通しての体調不良もあって、いろいろご迷惑をかけています。ひとつひとつ着実に、既に無くもはや無い〈樺太〉の記録化に、努めて参ります。

2月1日（第658号）

◇年が明けました。昨年と同じく、なかなか厳しい日々の中にあります。心して生きるほかありません。
◇本の話を書きます。新潮新書　長山靖生著『日露戦争　もうひとつの「物語」』は、戦前明治三六年十一月刊の、東海散士『日露戦争　羽川六郎』を詳述して興味あります。旧会津藩士・羽川家三代にとっての「樺太奪還物語」だからです。父も祖父も樺太で暮らし樺太で没した設定に立って、樺太は本来日本領であることを、江戸後期の北方辺境史を背景に描いています。講和後の日比谷騒動が象徴する当時の日本人の心情に即した仮空の物語ですが、考えさせられる内容です。
◇松山大学編の『マツヤマの記憶　日露戦争一〇〇年とロシア兵捕虜』（成文社刊）は、〈国際法を遵守して近代国家を目指した日本、実際に捕虜を迎えた市民たち〉と帯にあります。この中の北大スラブ研究センターの原暉之氏の書かれた「浮虜は博愛の心を以って之を取扱うべし―樺太の戦場から百年前の戦争を考える」という論稿は重みがあります。新刊の錦正社刊『日露戦争①』（軍事史学会編）とともに、貴重な資料です。
◇いろいろご迷惑をかけてます。特に、真岡一校・四校の会のみなさんには、総会報告の件でご迷惑をかけました。深くお詫びします。心します。

3月1日（第659号）

◇絵が好きで、昔はよく美術館を訪れた。絵描きが絵描きであるのは、眼に入る事象を、十号なら十号の枠で切り取る能力にある。私などは、どこも絵になり、どれも難しい。そこに〈風景〉という言葉も位置する。眼に入れば風景とは、言わないものである。

◇私はいま、会長の稲原さんの、ループ線の状況写真や、真岡郵便局、王子製紙の工場の立面図探しのお手伝いを始めている。二十二日に、王子究極の資料館「紙の博物館」を訪ねる予定である。だがそこにも、王子九工場の立面図の全く存在していないことが、確かめられている。

◇二〇〇二年、五十七年ぶりに、生地であったサハリンを訪れた。いまなお鮮烈な風景の一つに、ポロナイスクで立ち寄った王子製紙敷香工場の、壮絶な廃墟がある。王子が記した旺盛な産業のシンボルの工場跡。しかし、その建物の一つの全景も、現在再現する術が王子には無いと言う。

◇高架を走る電車に乗る。窓外の街の風景が、時とともに大きく変化している。その変化もまた、風景の誕生に重要な役割りを待っていることを知る。それと同時に、変化は、変化する直前の風景を忘却させる力があることにも気付かされる。と言って、樺太の風景が、忘れ去られていいとは思いたくない。

4月1日（第660号）

◇店頭で新刊書のページを開いたら、目次の初めに〈第一章　ロシアの鳥居……サハリン篇〉とあって、買い求めて読んだ。西牟田靖著『僕の見た「大日本帝国」―教わらなかった歴史と出会う旅』である。
◇日露戦争といえば正露丸を思い出す程度の歴史の知識しか持ち合わせない、会社も止めて五十ヶ国を旅する青年が、たまたま原付バイクでサハリンに渡り、ウズモーリエ（白浦）で神社の鳥居に出会い、かつてここに日本が在ったことに驚き、戦前の日本の統治下にあった台湾、韓国、北朝鮮、中国東北部（旧満州）、ミクロネシアを旅し、今日もなお生き続ける〈日本の跡〉を書き記す。その外連《けれん》味の無い、フットワークの良いさわやかな感想は、すぐ読める。
◇実によく調べてもいて、ソウルを訪ねて朝鮮神宮を書くなかで、樺太神社の設計者が伊東忠太であることも記している。特に、大連からノモンハン、阿木古郎に至る見聞を通して語る満州統治の記述は、実に平明で稠密である。反日も親日も含めて、いまなお残る日本語を語る人々。その象徴として語られる鳥居。
◇しかし通して読みながら、日本は樺太に何を文化として残してきたのかを考えさせられる。樺太に後藤新平は居なかったという思いである。考えたい。

5月1日（第661号）

◇三月末、会長の稲原さんたちとトロアデ工房を訪ね、樺太関係資料館グランドオープン用に製作されている模型等を見に行った。
◇資料写真さえ少ない王子の敷香工場の模型は、模型の設計図書きの段階で形を見ることは出来なかったが、間宮林蔵の立像は粘土で作られていたし、豊真線のループ線は、立体模型の基盤が出来ていて見られた。
◇林蔵の像は業者によると、これは志賀重昂の依頼で、松岡映丘という柳田国男の実弟で美術学校の教授であった人が、林蔵の風貌を知る唯一の地元のおばあさんの証言で描いた、肖像画をもとに作成しているとのこと。誰一人実物に会ったことのない私たちが、顔の表情について、それぞれ異なる注文をつけたこと自体が、実に面白かった。
◇ループ線は有名であるが、私は一度も乗ったことがない。日本の鉄道としては当時珍しかったということであるが、この模型で実体を始めて知ることが出来た。
◇恵須取出身の道連会長の眞嶋さんから、豊真線が不通になって、豊中の入学式にまにあわず、本斗から稚斗連絡船で稚内に一泊し、それから大泊、豊原と、稚泊連絡船に乗って二日がかりで辿り着いた話を聞かされると、豊真線自体が、交通手段として大動脈であったことを教えられる。勉強させられる。

6月1日（第662号）

◇三月末、若い時代の文学仲間の仕事を記録した企画展を見に訪れた北海道文学館で、林芙美子の『北方への旅』という編著を求め、彼女の「樺太への旅」を初めて読んだ。風来坊ゆえの冷めた眼がとらえた、昭和九年の樺太は印象深い。樺太の野山一面に樹はなく、切株の立ち並ぶ墓地の中を汽車が走っている、と書く。
◇札幌を訪れた縁で、北大の文学研究科長の身崎壽教授と連絡がとれ、『古河講堂「旧標本庫」人骨問題　報告書　II』を頂戴した。昨年三月の刊で、サハリンへのウイルタ民族の遺骨返還の経緯が詳細に記された後に、資料篇として、「樺太日日新聞」掲載の、サハリン先住民族に関する記事のすべて、明治四十年から昭和十七年までがデータベース化されて記録され（全四三一八項目に及ぶ）、さらに一二〇項目の記事コピーも掲載されていた。たいへん貴重な資料である。北大大学院文学研究科プロジェクトとしては、サハリンの先住民族文献研究をさらに続けていかれる由で、その成果を期待したい。

◇札幌の街の書店で、『北海道図書館史新聞資料集成』の末尾付録の中に「樺太地方公共図書館関係新聞目録」も見付けて求めてきた。やはり「樺日」からの引用である。明治からの樺太の読書環境がうかがえると知り楽しみである。

7月1日（第663号）

◇樺太について、知られてないこと、調べられてないことが多い。『樺太年表』明治三九年五月の項にある、〈民政署、札幌農学校教授宮部金吾・三宅勉に樺太の植物調査を命ず〉の記録が、神田の古書店に二十万円の値段が付いてあるのは知っていたが、ポーツマス講和後わずか八ヶ月の時点でなぜ？　という思いはあった。

◇樺連の書棚から、〈概要〉と記された樺太庁刊行のこの調査報告を見付けた。コルサコフから国境までの東海岸中心の詳細な調査で、膨大な植物一つ一つの、食用化、薬用化の方途が、丁寧に記されているのを知る。

◇同じ書棚の、木原直彦著『樺太文学の旅』の、長与善郎「シスカの一夜」の章を契機にして、外部に出て調査をして知ったことの一つに、明治四〇年八月の樺太巡検旅行がある。大学教授や実業家を含む四二名が全島で行なった学術調査の旅。樺太庁長官をはじめとして、官民総出で大歓迎したこの旅の意味したものは何であったか。詳細な記録を読み驚いている。

◇その調査報告の中に四〇年六月末の島民数四万六千人とある。遠藤米七氏や佐々木時造氏の渡樺は、三八年の八月末から九月初め。佐々木氏の上陸許可が八三三人目と。樺太が、こうした先人たちによってどう造られていったか。その努力の跡は大事だろう。

8月1日（第664号）

◇まもなく八月が訪れる。戦後六十年の節目の年であることを、改めて心に確かめる。総会での稲原会長の挨拶にあった、〈樺太を忘れるな〉というマスコミ各社への抗議文を、急拠二面に掲載した。

◇ソ連の国境侵犯にともなう樺太での死者数は、正確な公的記録が存在しない。約六千名とした根拠は、次を典拠としている。鈴木康生著『樺太防衛の思い出』に、〈戦死軍人七〇九名、軍属二〇六名〉とある。また、北海道庁の調査による『戦前における樺太の概況』（昭和三七年二月刊）の中の、樺太各地の推定死者数を合計すると、二六五九名となる。それに三船遭難者数一七〇八名を加えると五二八二名である。

◇道の調査記録も、〈真岡一〇〇〇名〉〈知取?〉さらに〈豊原一〇八名〉。豊原空爆の死者が何を根拠としたかも定かでなく、真岡の数も推察を出ないと思える。実際には、〈敷香一一八名〉〈恵須取三九〇名〉にしろ、これのみとは思えない。今となっては、この数を確かめる方法は無い。
◇日本は古来、紙と木の文化の国である。すべては時とともに消尽し、罪もまた水に流すことのできる文化でもある。だからと言って、事実を忘却し、記録を放棄してよいか。日常の営みの堆積こそが歴史であることを、心しよう。

9月1日（第665号）

◇終戦六十周年と言う。わが樺太に終戦記念日は無い。佐藤卓己著『八月十五日の神話』のページを繰りながら、樺太に在った一人一人のあの日を記録しておくことの意味を考えている。
◇八月号に載せた「抗議文」について、会員の方々から多くの賛意の反響が届く。雑誌「正論」は、全文を掲載した後に、編集者の一言が、次のように記される。〈冒頭に「抗議文」とあってびっくりしました。どうやら日本と日本人への抗議文のようです。樺太への関心がないわけではありません。真岡に行ってみたいと思っています。〉と。
◇サハリン残留の日本女性を追ったドキュメント、吉武輝子著『置き去り』が売れている。雑誌「潮」には、竹下景子さんとの対談が載っているし、新聞各紙が書評で取り上げている。

多くの読者を得て、忘れ去られている樺太が、日本の人々の関心の糧になってくれることを望むものである。ただ私には、誰がなぜ、そして何を置き去りにしたかへの問いが、いささかならず軽いように思えるのは、何とも残念である。帯にある〈隠された歴史の真実〉という文言。〈隠した〉のは一体誰だと言うのだろう。

◇今年も開拓記念碑例祭が訪れる。その八月二十三日は、前日に停戦協定が結ばれ、ソ連軍が豊原に進駐してきた日でもある。

10月1日（第666号）

◇満州引揚げの体験を小説化したなかにし礼の『赤い月』を、文学座が公演していることは知っていたが、体調が悪くて観に行けなかった。映画にもなっているが、樺太の引揚げ者たちはどう見ているのだろう。

◇「朝日新聞」夕刊の一面企画「人脈記」が、『満州』の遺産」を連載している。世界では著名な二人のミュージシャン、秋吉敏子と小澤征爾から書き始め、建国に活躍した多くの先人たちとその二世や、周縁の人物模様を、負の遺産とともに記している。

◇記事の中に〈満州国は日本からみると、何でもありの「実験国家」だった〉とある。山室信一の言う〈キメラ満州国〉は、建国わずか十三年半で終焉している。わが樺太は、小なりと言えど、四十年の歴史があった。なぜ〈樺太〉は、藤原書店刊の大著『満州とは何だったのか』に匹敵する一冊を生むことがないのだろう。

◇私はいま、前道連事務局長の西村巌さんに教示された、「三八会」のことを調べてみたいと思っている。明治三十八年、樺太占領とともに樺太に渡った先駆者たちの業績が、なぜか書き記されていない。〈狭い日本にゃ住みあいた〉と唄う満州馬賊とは異なる、樺太近代建立の熱い思いとは、一体何だったのだろう。〈文化としての樺太〉を、考えてみるべきだろう。

11月1日（第667号）

◇NHKが五夜連続で放映したドラマ「ハルとナツ」を、みなさんは見たろうか。ドラマを全く見ることのない私なのだが、この、ブラジル移民百年史を題材とした映像は、身じろぎもせず正座して見ていた。このドラマが問いかけた同じテーマが、樺太の農業移民に無かったなどとは、決して言えないと思ったからである。

◇私の掌元に、樺連の書棚で見出した樺太庁殖産部殖民課発行の「農家の手引」がある。昭和十二年三月の刊である。その中の「農家の食物」にこうある。〈農業移住者は強ひて高い米を食べる必要はない。特に移住当初は現金にも恵まれぬ故、米食を選ぶことは好ましくない〉〈自家で生産した食物を常食に用ゐることに努めねばならぬ〉と。

◇昭和十八年の樺太庁刊、「樺太開発計画（案）」はこう書く。「大体方針」で、内地編入に即し〈永住土着ノ農業移民ヲ基調トセル基本産業ヲ確立シ〉と書きながら、本島領有三十八年間の農業移民で土地貸付を受けた者二万数千戸、昭和十六年の農業戸数八千数百戸。〈移住農民ノ半数ハ他ニ転出転業セルモノト云フベク本島拓殖上誠ニ寒心ニ堪ヘザル処ニシテ〉と記す。

◇ナツをブラジルに呼び寄せたハルの幸せは、樺太に望めなかった。陽の当たらぬ〈樺太〉もきちんと見極めてゆきたい。

12月1日（第668号）

◇渡辺国武さんが亡くなられる。追悼文をお願いした稲原会長の原稿を見た木匠先生が、全く同じ表題を考えていたと仰言って、改めて書いて下さった。〈巨星堕つ〉――。

◇私は国武翁を存じ上げない。マリア・セヴェラ女史を一喝した話が一つの伝説として語られている。今回、改めて翁の書『九十年わが内なる熱き声』を読み返してみる。よく勉強された方だという印象が残る。とすると、あの伝説の大音響は、触れたくない事実を避けるためのパフォーマンスであったかとも思ってみる。

◇御葬儀の直会にお招きいただき、ご弟妹や親族の方たちのお話を聞いていると、一族の大黒柱として限りなくやさしく、暖かい思いやりのある明治人であったことを知る。その心配りが樺太に向けられる時、いわば優しさの極端な表われとして、一条の情熱となったのか、と……。おそらく、自らのご無念が、樺太と一体化されていたのだろう。

◇私の両親と同年の生まれ。私は父に対して、あの敗戦時の前触れもなき国家の無策の責任を問うていた。『天皇独白録』を読むまでもなく、敗れ去りつつある国家のありように対して、父たちの世代は、なぜ対応する術を持たなかったのか、と。気付けばもう私自身が七十の半ばになっている。〈樺太〉とは、と思う。

＊……………………2006年

1月1日（第669号）

◇樺連の書棚から『昭和五年度　豊原町勢要覧』（豊原町役場刊）を引き出してよく眺めている。私の生まれた年である。

◇「昼夜」の項目を見る。一月一日、昼間八時三九分、夜間一五時二一分。夜が長い。比べて七月一日は、昼間一五時四九分、夜間八時一一分とあって、白夜か。ついで「日照時」を見る。一月全体で、日照時一一七。降雪日数二三、快晴日数三、曇天日数一一、暴風日数一〇。快晴はこの年、年間で僅か三五日とある。吹雪が十日近くあったというのか。

◇樺太の神社史はあってもなぜか、お墓に絡む寺院史は書かれていない。この『要覧』の、各宗寺院、各教会布教所の欄は多彩である。曹洞宗、日蓮宗、浄土宗、真言宗、真宗、天理教、黒住教、金光教、聖督教、神理教。全島を見れば、どのようなことがわかるのか。

◇昭和五年は、北海道に先駆けて、豊原局で電話の自動化が実施された年である。蝶ネクタイの局員の執務写真が残っている。またこの年の六月一日、樺太共産党事件（公的には樺太戦旗読者協議会事件）が起きている。党員の一人も居ない、治安維持法初期発動の、理不尽な事件であった。

◇訃報が相継ぐ。心からご冥福をお祈りする。私自身、樺太で私を生み育ててくれた母が、百歳で天寿を終えた。服喪中である。

2月1日（第670号）

◇十二月の中旬、新聞で知った「戦争の記憶とアーカイブズ学」という学術シンポジュウムに出掛けてみた。学会に顔を出すのは十年ぶりだったが、〈喪われゆく記憶の再生に向けて〉に引かれて、目白の学習院大学に足を運び、朝十時から夕方五時まで、聴講していた。

◇最初の、基調報告に等しい若い学究のレポーターの、パネルを利用した発表には、びっくりした。戦争に関する国内外、公・私文書記録の保存・利用の実態が報告されたのだが、その最後に、〈樺太の引揚者団体樺太連盟で、雑然とした資料を前に、素人認識で一生懸命整理しているオジイサン達〉とコメントされて、道連資料室の整理棚や作業風景が、三枚の写真で大きく紹介された。覚束なき資料保存状態の一例として。

◇五時を過ぎたシンポジュウムの最後に〈素人のオジイサンの一人〉と手を挙げて、樺太連盟の概要、樺太関係資料館の紹介、そして歴史上無視されている樺太を訴えて、問うべきことを語ったら、みなさんから拍手をされ、懇親会にまで誘われ、多くの学究たちとの初めての交流をしてきた。

◇樺太って何だったかが、いかに学問の世界でも知られていないかを、承知はしていたとしても、改めて実感する機会となった。機会を求めて、樺太のＰＲはしたいと思う。

3月1日（第６７１号）

◇今回は、前号の校正ミスのお詫びを書きます。三面「郷土の記憶」、太布磯雄さんに書いていただいた〈私の宗仁〉の中の誤りです。
◇読後お気付きの方は、たぶん多かったと思うが、私はまったく不注意でした。〈私の宗仁〉とタイトルにあるのに、文中はすべて〈宋仁〉になってます。太布さんはもとより、宗仁村のみなさんには、深くお詫びいたします。いかに私が樺太の地名を知らないか、つくづく反省させられました。申し訳ありません。
◇西村いわお著『南樺太』によると、〈ソーニ〉は、沖に二つの岩のある意とある。〈宗〉はおそらく〈宗谷〉の〈宗〉と結ぶのでしょう。〈愛郎〉だの〈気主〉だの〈多来加〉だの、思いもよらない地名に驚き、その名を残そうという企画を立てた私自身が、こういうミスをしてはいけません。謹んで訂正を申し上げる次第。
◇太布さんの一文には、他の校正ミスもあります。一つはルビです。〈僻阪草莽〉〈へきそうそうもう〉〈碧波野芳〉は〈へきはやほう〉〈蝦夷丹生〉は〈えぞにう〉〈黄金〉岬は〈ジパング〉岬です。この「情報」は今までルビを入れてないので、見落としました。ルビは読み辛いので避けてください。〈陶淵明〉が〈渕〉の新漢字に、〈驚異〉が〈脅威〉になってます。よろしくご訂正下さい。注意致します。

4月1日（第672号）

◇未知の人、渡辺毅さんの短篇集『ぼくたちの〈日露〉戦争』（邑書林、九六年刊）を、ゆっくり時間をかけて読んだ。五篇に登場するすべての少年たちの心の動きや、時局への対応、大人社会の描出の中に、まちがいなく私自身を発見し、同意する。読みながら作中の少年たちと語り合い、事象のひとつひとつを記す作者渡辺さんと対話をした。こんな風に小説を読むことを、長い間忘れていたと思う。
◇話題は、敗戦を迎えるまでの樺太の状況から、八月九日、十五日を過ぎて、密航したり、抑留させられたりの、〈いわば当時の私たちの最大公約数的な体験〉ではある。それが、少年にとっての〈やりきれなさ〉であったり〈憎悪を含んだ眼〉であったり、あるいは〈ばかだよな、あいつ…〉と口にしてみるしかない心情で記される。要は〈おとなのしわざ〉なのだとして〈樺太〉の実状を正確に描いている。あれは〈かまいたち〉か。
◇敗戦時、渡辺さんは、樺太の西海岸の小学六年生であり、引揚げは四十八年の夏という。〈年齢的には、おとなを批判的に見て取る感受性とは裏腹に、身近の大人に対する依頼心もあって、精神基盤ははなはだ脆く覚束ない年頃であったように思う〉と書く。
◇他のどの本よりも、樺太の敗戦がよく見えた。ぜひ一読をすすめる。

5月1日（第673号）

◇四月八日、「さようなら交通博物館　交博シネマ倶楽部」を訪れる。樺太を映した二本の映画を見に。
◇「亜庭丸と壱岐丸」は、上映時間十三分。モノクロ、無声。解説が昭和初期と語る。まだドームの作られていない稚内港を出航する壱岐丸が、アザラシの姿を求めては、氷の割れ目をジグザグに航海している。やがて氷に閉じ込められ、助けにきた亜庭丸に、氷上を歩いて乗り移る乗船者たち。昭和四年に渡島した両親のことを考えさせられる。

◇「樺太の旅（冬の巻）」は、鉄道省の作、横浜シネマとある。上映時間十一分の、モノクロ。ナレーションが入っている。厳冬の大泊港に入港した宗谷丸からタラップを降りる人たち。男は帽子、女は角巻姿。ロータリー車が、雪をはねながら豊原駅に入る。伐採された大木が馬橇で列をなして山下りをし、一気に川に落とし込み、工場に集められてチップになり……。足の踏み場もないほどの鰊を敷き詰めた浜辺。舟から舟へ投げ入れる厳しい労役。息をのむダイナミックな樺太の主産業の映像たち。でも、トド松の疎林に隙間見る切り株の乱立には、林芙美子が見た墓標の風情も。昭和十年頃の映像とある。

◇身じろぎもせず見入った二本のフィルム。博物館の終焉とともに何処に行くのだろう。ふと――。

6月1日（第674号）

◇〈アイヌ民族文化の伝承と、文化への理解を広めることに一生をささげた萱野茂さんが亡くなった。〉（北海道新聞「社説」）

◇〈懐深く自然と人包む〉〈アイヌ語、法廷でも、批判恐れず前進〉――。五月七日の北海道新聞は、一面のトップに、記事と大きな写真を載せ、五面にわたって、萱野さんの死を報じた。他紙と比べても、異例なのか。いや、北海道の歴史を眺める時の、アイヌ文化の占める位置の大きさとして、当然のことだろう。とすれば、言語学者の村崎恭子さんが何度も書いた、樺太アイヌの終焉について、樺太史は書き残す必要があるのではないだろうか。

◇先日、二月の北大の日・ロシンポジウムでお会いした小山内道子さんから、新刊のヴィシネフスキー著『トナカイ王』（成文社刊）を贈られた。オタスの杜のドミートリー・ヴィノクーロフのことをご存知の方は多いようである。故郷の北シベリアのヤクーチア独立に向け、日本の支援を求めて活動したトナカイ王。そして戦前の、日本とソ連によって翻弄された北方先住民たちの貴重なこの記録もまた、樺太史が、正確に記録すべき史実だと思う。〈サハリンの人々と共有できる具体的「通史」を構築していく足がかりに〉と、小山内さんは、「訳者あとがき」で書いている。

7月1日（第675号）

◇六年前に、『北方領土問題と日露関係』を著したカリフォルニア大学の歴史学教授長谷川毅氏が、〈スターリン、トルーマンと日本降伏〉という副題をもつ大著『暗闘』で、論壇で最も権威ある賞の一つ、「読売・吉野作造賞」を受賞された。共同研究者故スラヴィンスキーを偲んでと記すこの一書は、米・ロの公文書の資料を駆使して、現在もっとも信頼のおける終戦の政治史と言ってよかろう。

◇ヤルタで結んだソ連の対日参戦の約束、そして原爆の完成に端を発するアメリカの極東戦略の変更。ソ連参戦と日本の降伏の時期をめぐる米・ソの攻防が、詳細に語られている。終りに多くの歴史のイフが示されているのも、本書の特色。
◇しかし、どのように語られる歴史書も、私のように樺太の視点で読む立場からみると、傍らに置かれている感は否めない。スターリンの北海道侵攻の野望がどう展開しているかが詳述されればされるほど、わが樺太は、歴史の中にどう位置していたというのかを考えさせられる。そして、もしポツダム宣言を、七月二十七日に日本が受諾していたら、樺太は、とも。樺太へのソ連軍の侵攻を記す節に、日付の誤りが見えるのは残念である。
◇前号「余言抄」で、**萱野茂**氏の姓の校正ミスがある。伏してお詫びする。

8月1日（第676号）

◇〈樺太人〉という言葉が使われている。私自身樺太連盟にお邪魔するようになって、使ってみたこともある。調べてみると、『樺連情報』では、昭和二十四年にはすでに用いられている。総じて〈樺太にかかわる人〉ぐらいの意だろう。
◇四年ほど前の「情報」六二五号で私は、国勢調査上の公的用語として、先住民の人たちを指す〈樺太人〉の表記の使用について触れている。それ以来、私は使っていない。〈○○県人〉とも〈どさんこ〉とも異なる、独特の用法で、林吉男なる人の『樺太人』（叢文社）は、よく読まれたという。
◇今春、前理事二十五人を対象にして、一つの調査をしてみた。一人、答えを拒否した人が居たが、〈ドノ地デ生マレマシタカ〉との問いで、樺太生まれが十七名、北海道三名、本州四名という数字が出た。
◇昭和二十年八月十五日に樺太に居た人は十三名。島外、主に本州十一名。そして樺太を去ったのが何時かを尋ね、昭和二十年八月十五日から十月十日までが八名、昭和二十一年後の正式引揚げ者はわずか六名。理事さんのほとんどが、ソ連に抑留された体験の無いことを知る。私もその一人。一名多いのは、戦後樺太に帰った方が、一人居られた。
◇樺太を故郷とすると言っても、心の内に潜む〈樺太〉は同じではない。

9月1日（第677号）

◇八月が、樺太の島民にとって、離島の時であると同時に、渡島の時でもあったことに着目したい。
◇樺太の記録は、圧倒的に出口の悲劇で埋め尽くされている。だが、ポーツマス講和を境にして、ロシア領から日本領になった樺太に、何時、誰が、どのようにして渡ったというのか。なぜかそこは記されずにきた。
◇七年前、「情報」編集の仕事に携って以来、『樺太年表』の記す田子浦丸の記録を求めて、日本郵船に資料調査の依頼をしたり、郵船『百年史』や『近代日本海運生成史料』などを丹念に繙いてみたりしたが、皆目分からぬままであった。というよりも、樺太航路の記述はあっても、詳細は記されず、そこでも樺太は視野の外という感じがしていた。
◇六月末、旅のついでに、雨の中、一人、北海道立図書館を訪れ、『樺太施政沿革』などを書棚で見付け、仰天してコピーしている時、北方資料室の方から、田子浦丸に関する新聞コピーを大量に頂戴した。手がふるえたと同時に、誰もが見得る資料に気付かなかったことを、自分に恥じた。
◇帰京して終日国会図書館に詰め、明治三十八年七月と八月、二ヶ月間の三紙の紙面を丹念にチェックした。
◇今号から大泊中学の森山芳夫先生の御息女、田尾房子さんに校正のお手伝いをお願いしています。

10月1日（第678号）

◇〈樺太渡島事始め〉、今回は、樺太占領、海馬嶋事件、邦人遭難事件という、三つのドキュメントを紹介してみた。戦争報道における新聞の役割りを念頭におきつつ、三紙が取上げた樺太の問題を考えてみよう。
◇当時の事ゆえ、原住民の人々の扱いや、日本帝國万々歳的記述には配慮を必要としたこと、三紙の報道が必ずしも同じではないこともあって、記事の選択には結構時間と労力が要った。
◇それにしても、四日間も一般道民に秘して実行しなければならなかった樺太占領とは、一体何だったのだろう。後の二つが、戦前戦時の違いはあっても、いずれもまだロシア領であった薩哈嗹島を舞台にしているという点で、実に興味ある出来事であったと思える。
◇領土戦争という枠組の中での、サハリン島の人間模様は、事の是非を超えて、〈樺太〉

の独自な地政学的位置を暗示し、樺太史の中に記録されるべき出来事であったろうと思えてくる。今日の北方領土をめぐる日・ロ双方の住民間のいきさつを、なぜか偲ばせている。
◇〈樺太占領〉という話題から、秋月俊幸さんの訳したブッセの『サハリン島占領日記』を再読している。ペリーとプチャーチンの時代から、米・ロの極東戦略の谷間に樺太が置かれていることを、改めて考えさせられている。

11月1日（第679号）

◇四世紀ころ、オホーツク文化に先行するサハリン系の集団（鈴谷文化）が北海道へ南下を開始した。オホーツク文化とは、五〜十三世紀ころにサハリンで展開した海洋適応に特徴をもつ文化であり、――（略）
◇書店の新刊の書棚の前で素速く書き写す。『日本海域歴史大系　第二巻』の中の瀬川拓郎氏の論考の一節である。サハリンに華開いた鈴谷文化とは何だろう。
◇これも新刊、『北方世界の交流と変容』の中で、佐々木史郎氏が「サンタンとスメレンクル――十九世紀の北方交易民の実像」という一文を書いている。サンタン人とは〈東韃靼〉とも称され、間宮林蔵によって詳さに紹介されたアムール川下流域に住む人たちのことであり、サンタン交易とは、江戸時代に、サハリン島で栄えた交易活動のことである。サタライカや白主が交易の舞台であった。サハリンの良質のクロテンと蝦夷錦が取引の柱である。

◇佐々木氏は、サハリンの先住民たちに〈未開の狩猟採集民族〉のレッテル貼りをした日・ソ近代の北方政策の誤りを指摘し、規模は小さくとも、長崎と共に、日本の社会文化に大きな役割を持ったと記す。
◇考古学上の新しい知見も含めて、東アジア文化圏の中の〈樺太〉の歴史は、大きく変貌を示してきているように思える。

12月1日（第680号）

◇編集実務からのお願いを書こう。月々の原稿の締切は**五日**。投稿原稿は四〇〇字詰原稿用紙**四枚以内**。「集会報告」はパターン化を避けて**読み物風**に。
◇編集は年間を通して割付けをするが、大体三ヶ月単位で紙面の原稿配分をしている。投稿即記事とはならず、記事内容のバランスも考慮している。掲載が遅れることのあることも了承されたい。限られた紙面故、分量配分が必要条件である。
◇樺太の敗戦時の悲劇が真岡に集中している。国境の敷香、空爆、翌日にはソ連軍の進駐という豊原、強制疎開停止後の大泊港。恵須取だって。どれをとっても記録化が必要であろう。世の大人たちの仕業を、冷静に驚きの目をもってみつめていた少年少女は居たはずである。渡辺毅著『ぼくたちの〈日露〉戦争』の世代の私たちが、最後の記録者でなかろうか。ぜひ投稿を。
◇日露戦争後渡島した人たち、明治三十八年十二月二十八日調べの職業一覧を見付け、眺めながら、どんな人たちが樺太の町を営み、生活文化を作り上げていったかを想像している。理髪業6、湯屋2、洗濯業1、写真業2、質屋2——靴屋無いなあ、本屋も無いなあ、僧侶6。当時の大泊はどんなだったろう、と。
◇樺太でのみなさんの家業の日々を、ぜひ記録してほしいと願っている。

＊……………………2007年

1月1日（第681号）

◇私はよく、作家安部公房の、故郷奉天を舞台にした処女作『終りし道の標べに』の一行を思い出す。それは〈故郷を持っている者の眼〉のことである。空洞の底に燃える故郷の火——。

◇先日、野口雨情の子息、存彌氏と会った。雨情全集をまとめ、童謡を近代口語史に位置づける研究者として、大学で講じている。野口君は、私が引揚げ後転校した中学の同期生。五十三年ぶりの邂逅であった。

◇ポーツマス講和後の日本領樺太に渡った、最初の文学者が雨情であった。明治三十九年七月、敷香と安別に滞在して十一月に去る。「小樽日報」の記者としての、国境画定作業の取材だろうと野口君は推測するが、定かでない。茨城出身の雨情が、北海道から樺太へ、何を求めたのだろう。

◇『日本地理大系』の重い樺太篇を手に、私の樺太の語りをメモ取る野口君の眼の中に、北を問う燃える眼差しと共に、父子の絆としての故郷の座を視たのは、私自身のことであったかもしれない。重く、うれしい出会いであった。

◇この号がお手元に届く時、年が明ける。おめでとうございます。今年もまた、お互いに元気で、と思うばかり。「情報」の使命に即して、樺太を活字として記録し残す営みに、努力したい。会員のみなさんの、さらなるお力添えを期待している。心豊かな原稿と。

2月1日（第682号）

◇国境――。五年前、サハリン島の視察の旅で、五十七年ぶりに樺太を訪れた。ポロナイスクから一路、マイクロバスで、アレキサンドロフ・サハリンスキーまで行った。北緯五十度線は、東西に切り開かれた林道の姿でしかなかった。

◇宗谷海峡を渡る時、旅の通例で、アインス宗谷の甲板で葉書を書き、船員に投函を頼んだ。〈無国籍の船だから預かれない〉と拒否された。海峡を分かつ目に見えぬ一本の線を想いながら、国境の喪失って何だろうと問うていた。

◇地続きで他国と接するが故に、国境を生きた歴史は、樺太の人間だけだ。国境の図を三面に載せた。空を飛んでも、島の中央に引かれたこの一本の線は見えない。これは、実測縮尺図である。陸軍省刊の『樺太境界画定事蹟』や志賀重昂の『大役小志』、さらには、榎本武揚が「はしがき」を書く、明治四十一年刊の『樺太地誌』に載る委員長大島健一少将の講演記録などを読むと、世界でも稀な、この国境を分かったことの意味を考えさせられる。あの国境は直線であった。ペルー ナスカの地上絵のように。だから文化でもあった。

◇一本の直線が演じた歴史を、せめてこの図とともに忘れないでおきたいと思い、無雑作に載せた。赤れんがの資料館で国境標石を見にゆきましょうよ。

3月1日（第683号）

◇閑話休題。今回は、樺太の中心都市豊原の都市図のことを記してみよう。私自身の住んだ街を知りたいことが事の始まりで、昨年の豊原一校同窓会総会に、公共施設や個々の商店名も記載してある「豊原市街図」の中心街を拡大コピーして会場のボードに貼ってみた。

◇豊原市の市街図は、友人たちの努力などで、かれこれ十数枚はあろう。どれも活字コピーだが。その一枚、〈昭和十年～二十年〉と添え書きのある「豊原市鳥瞰図」は、友人にカラーで画像処理をしてもらい、多くの方々に利用してもらっている。鳥瞰図は、吉田初三郎の手になるものかと話題にするが不確かである。市街図にも共に発行者名が記されていない。

◇もっとも古いのは、明治三十八年十月十八日、樺太守備隊作成の「ウラジミロフカ近傍之図」。ついで杉村孝雄さんから提供の『日本土木史』掲載の、大正十四年の「豊原市都市計画図」。少し後の昭和四年度『豊原町勢要覧』掲載の『豊原町全図』などなど。

◇私の関心は、急速な樺太の近代化の過程が、豊原の都市化の変化に見えると思うからである。大正十四年の計画には大学予定地もあり何よりヨーロッパ風の広場中心の放射状道路の構想もある。昭和四年は樺太神社の下に競馬場がまだ残る。面白いなあ、と。

4月1日（第684号）

◇一冊の通史も無い樺太。その不思議を問うて十年目に入る。そして、樺太を記す公的記録、樺太庁刊『樺太要覧』全冊が揃っていない樺連の書棚にも、十分首をかしげてきた。道連にも無い。樺連もまた、樺太を記録する意志を持たなかったのは、なぜだろう。

◇敗戦前、わが樺太に何人の人たちが住まっていたか。公式の記録は、『樺太要覧』昭和十七年版に記す、〈昭和十六年末現在人口〉としての〈四〇六、五五七人〉が、最終である。そんな！

◇実は、昭和十七年版の『樺太要覧』が、前年十六年版と全く同じ内容であることを知る。つまり、樺太庁は、昭和十七年以後の人口統計を取る仕事を残していない。もちろんそれは、人口統計に限らない。絶句する。

◇何度も問いかけ、徹底して調べた結果としてわかっていることの不思議に、昭和十七年二月十一日から発行されていた「樺太新聞」が、国会図書館に収められていないばかりか、道立文書館に六部あるのみで、何処にも無いことである。

◇昭和十七年。荒澤勝太郎の『樺太文学史Ⅳ』は、〈樺太孤立化〉として、島民の中に〈外地という私生児扱いの懸念〉の再燃を記す。内地編入が翌年の四月。「樺太新聞」の国会図書館への未納もまた、『樺太要覧』に連動する仕業だというのだろうか。そんな！

5月1日（第685号）

◇樺連本部の書棚の資料を暇があると眺めながら、在って欲しいものもあれこれ思ってみる。四十年教職にあって学校教育の実務に携わってきたので、樺太における中等学校教育の実際を知りたいと思っている。
◇昭和三十二年刊？の『樺太教育史』が書棚にあるが、行政史の一環としての教育環境の普及発達の記録が主で、もちろん教育要綱や教員の処置なども記されてはいるが、〈学校教育〉の実態となる、カリキュラムや学校行事、教育研究、授業内容などは記録されていないから、学校の日常を偲ぶよすがにはならない。図書館等に散在する「樺太教育」に触れればわかることもあろうが、その余裕がない。
◇一昨年三月頃から、各校が当時、毎年出していた「校友会誌」を集めるべく、各同窓会に呼びかけてきた。現在、豊中が九冊、真中は十四冊（全冊）、泊中二冊、豊女七冊、泊女五冊、樺太師範一冊という具合に、その所在をつきとめている。その関係で、先に伊藤哲郎氏の寄稿を願ったのである。全冊を集めたいもの。
◇先年の豊中八十年を記念した東京同窓会のパンフに、学校の行事日程表を二年分掲載してみたが、さまざまなことがわかって面白い。
◇小学校の文集などもお持ちだったらぜひご寄贈いただきたい。生な生活文化の記録なのだから。

6月1日（第686号）

◇今回は、史実を記録するための資料の読み方の、苦労話を披露してみよう。
◇「樺太渡島事始め」で、私が一番神経を使ったのは田子浦丸の、コルサコフ入港日の確定である。先に記したように、『樺太年表』は小樽出港日を記しても、肝心の入港日を書いていない。各新聞も、不思議なことに明記しない。〈八月十八日〉は、私の推定である。

◇文献資料は、どれほど正確で資料価値の高いものと言っても、他資料との照合をしなければ信用は置けない。今回手にした資料類は、たとえば、樺太庁長官官房編纂の『樺太施政沿革』であったり、西鶴定嘉著『樺太　大泊史』であったりして、どれも一級品である。

◇前者が「二十一日入港」、後者もなぜか「二十八日入港」と記し、これを孫引きした書物も多く見られる。事実は、新聞が小樽帰港二十一日と記していて、いずれも誤りである。だからと言って、この二著の資料価値が下がるわけではない。

◇大正十四年、戦史編纂会が発行した伊藤貞助著『樺太戦史』は、樺太の軍事占領を記す一書として定評がある。しかし、先にドキュメントとして私が紹介した六月二十八日の海馬嶋事変を、なぜか「七月七日」と記している。明らかに作為された誤記である。記録がこうだから、記憶が危ないのも当然だろう。

7月1日（第687号）

◇前号「手触りのある故郷たち」を書くのに、二〇八行の空白を眺めてかなり苦労したので、今もまだぼんやりしている。こういう時は、書棚が助けてくれる。

◇樺連の近くにありながら六本木ヒルズなるところを私は知らない。最近、防衛庁跡にミッドタウンなる巨大なマーケットが出現して、乃木坂駅から歩いている私の眼に、変わりつつある都市の街の様子が面白く見える。九年前、樺連に初めて通い始めた頃は、朝、ゴミに群がるカラスの多さに驚いた六本木。今は居ない。

◇道筋にまだ残る荒物屋や文房具屋を通り過ぎながら、豊原に八百屋はあったっけかと思い立ち、何人かに尋ねてみる。〈廉売に野菜売っていたな〉という返事。じゃがいもも南瓜もわが家で栽培していたし、私は蚕豆の花の美しさをあくことなくみつめていたことを思い出す。庭に苺が這って。

◇図書刊行会篇の『樺太市街地図』に載る「商工人名総覧」を開いてみると、当時の街並が想起されてなかなか面白い。小売業の中に「果物・蔬菜」「魚類・蔬菜」とあって、八百屋さんはなかったようである。果物は貴重品で、籾殻に埋った木造りの林檎箱の中の国光がなつかしい。ぞくぞくした乾燥バナナ。サンチンの実で口中をまっ黒にして満足していた子供時代。オンコの甘い涎。

8月1日（第688号）

◇今年の総会で、粛々たる質疑応答の終りに、四十代の小室昌友さんが、参加者の虚を衝く提言をして注目を浴びた。一つは、高橋竹山の「風雪ながれ旅」歌詞には、稚内までしか地名が入っていないから、作詞家に樺太を入れてもらっては、という話題である。

◇もう一つは、樺太の学校の校歌を、詞と曲を付けて一冊にしてはどうか、と。議長の稲原会長が、合田真一さんの『樺太のうた』を紹介していたが、〈校歌〉なあと、一人思っていた。

◇樺太で最も古い歴史をもつ母校豊原一校が、校歌がありながら誰も歌えない不思議を、かつてこのコラムで問うてみたことがある。その結果、歌詞は『北原白秋全集』、譜面は『山田耕筰作品全集』で確認出来た。

◇白秋作詞昭和十一年五月二十一日、耕筰作曲同年五月二十九日。共に自筆原稿が存在する。歌詞に危険思想も読みとれないから、謎は残ったままである。

◇校歌と言えば、昭和十四年度に共に創立した、樺太師範と豊原の工業学校に校歌は作られなかったと聞く。なぜだろう。

◇明治四十五年創立の泊中校歌に〈皇土〉と歌われた樺太は、大正十四年創立の豊中校歌で〈郷土〉となり、創立昭和十五年の敷中校歌では〈祖国〉と歌われて、幕を閉じている。校歌が語る樺太小史である。

9月1日（第689号）

◇八月。都会の蝉の声を待っている。だがそれも、異国の人にはノイズ（騒音）でしかない。そこに日本人の独自の脳の構造がある。母音の巧みの演技である。

◇昔、私たちは耳を澄まして聴きましょうと言ったし、今もそう心する。一九七〇年代、バブル期の中でウォークマンが登場し、人はみな、耳を閉ざして聴いている。企業が奏でる特定の音の誘惑。耳骨の肥大が話題になったりして。

◇坂道を歩いていると、突然背後から、〈いま坂道を歩いているの〉と声をかけられて振り向く。相手は私では無い。携帯という器具がもたらす内・外や自・他の境界の解消。電車の中でも、ホームの椅子でも、多くの人が掌元を見ている。耳をふさいでいる。そして内々の表情で私の前に居る。でも私は他人。外なる世界。

◇かつて世間では、他者とのコミュニケーションの下手な国民性が問われていた。ヨーロッパの人は、すぐ頬にキスしたり握手をしたりする。そしてお互い、他者の感覚を認識し識別する。日本人は、よく見きわめないと近づかない。

◇樺太は六十年前に異国となった。樺太に蝉は住んでいたのだろうか。いまサハリン島に行けば、耳朶に蝉の声は在る。サハリンの人達とどうすればコミュニケーションがとれるのか。言葉のことではない。

10月1日（第690号）

◇井澗裕著『サハリンの中の日本―都市と建築』（ユーラシア・ブックレット、東洋書店、六月刊）を紹介しよう。六三〇円。

◇氏は、北大大学院工学研究科を修了して、まだ三十代半ばの研究者。私は、昨年二月の、北大スラ研主催の日・ロ共同のシンポジュームで会っている。ポーツマス講和後の日露相互の文化交流を、ロスケ造りの建築とペチカを例に発表をし、興味を持って質問させてもらった。

◇この本は、次の目次で記された、特色のある樺太展望になっていて、平易に記されているから、ぜひ読まれたらいい。「目次」はこうである。「Ⅰ　都市からみるサハリン（樺太）Ⅱ　コルサコフ（大泊）からみる宗谷海峡とサハリン　Ⅲ　首都のかたち　ユジノサハリンスク（豊原）Ⅳ　空間の変容と記憶　日本期建造物をめぐって」。

◇北大工学部の角幸博教授らを中心とした、サハリン現存の旧建造物の綿密な調査に裏打ちされているものと思われ、樺太生まれの私たちには実に興味深く、親しみをもって読める。豊原、大泊、真岡の三都市の成立から今日までが、つぶさに語られている。〈企業城下町〉という視点での発展史は、札幌市との比較もなされていて興味深い。なぜサハリンのなかの樺太でないのかとは思うのだが。

11月1日（第691号）

◇樺太最初の官立の学校でもあり、私の母校でもある豊原一校の同窓会が、幕を閉じた。長い時間をかけて、資料が語る学校史を編み、参会者に配った。問題は、樺連の書棚を渉猟しても、記録に値する資料がほとんど無いことであった。関係する方々の協力で、樺太教育史の一端を語る記念誌が出来たと思っている。

◇記録をよく残している豊原二校のような学校もある。しかし、豊原に限らず、全島の学校に眼をやると、思い出は記されても、肝心の学校としての史的な記録を示す資料は、圧倒的に乏しいと言うほかない。

◇〈学校〉は、行政がつくり出した制度であるから、土地土地によってみな異なる。大泊と真岡とでは、環境風土がまったく異なっていたから、教育内容に独自が工夫されていて当然である。まして敗戦がもたらした樺太の学校の終焉は、一体どのようであったろう。

◇『樺太教育史』に昭和二十年四月現在の「学校一覧」が載り尋常科児童数が記されている。上位五校は、豊原三校、塔路第一、大泊、豊原一校、知取第一の順で、一七八〇人から一六一五人まで。次は泊居で一三四四人。敗戦前の人口動態を知る一つの手がかりで興味ある。

◇学校が刊行していた文献や印刷物を、ぜひ樺連に寄贈してほしいと思う。貴重な資料だから。

12月1日（第692号）

◇十一月一日二日、東京支部の一泊旅行で草津を訪ね、見事な紅葉に心が癒された。この旅で、樺太の人間を認じる同士が、二派に分かれて熱くなった〈フレップ論争〉を紹介しておこう。

◇ことは単純で、草津名産品の〈こけももジャム〉が赤いフレップをラベルに描いていたからである。フレップは青黒い実だと信じる者との、対立である。

◇樺連の書棚にある菅原繁蔵著『樺太植物誌』の〈コケモモ〉はこう記す。和名コケモモ、イハモモ、フレップ、アイヌ名エノノカ。〈漿果は球形約一cm、**紅熟す**〉と。

◇同じく「しゃくなげ科」に〈クロマメノキ〉があり、アイヌ名クンネフレップ。〈果実は球形、黒熟、白粉を被ふ〉とある。

◇ギリヤーク名は、どちらも〈チャレー〉と菅原は記す。サハリンの土産のフレップのジャムには〈**черни́ка**〉とあり、研究社の露和辞典は、〈ヨーロッパ産コケモモ（ブルーベリー）属の一種〉と記す。

◇アイヌ語辞典は〈フレ〉に〈赤い〉と記す。私の記憶は豊原に住んで、赤く小さい実。だが、五年前のサハリンの旅では青黒く大きかった。マスフレップ。岩高蘭、ハスカップ。フレップは樺太の思い出の総称としておこうか。

＊……………………２００８年

１月１日（第６９３号）

◇前号この欄にフレップ論争を紹介し、十六日初校を了えて青山ブックセンターに立ち寄ったら、岩波文庫から北原白秋の『フレップ・トリップ』が、この日刊行されていた。書名は知り評文を読んではいたが、幻の書であったから驚いた。

◇一読、驚嘆に値する、楽しくも心躍る紀行文であった。もちろん、樺太から見返すと論点は多く、白秋研究に新たな彩りが加えられるのは必定である。

◇鉄道省主催の樺太観光団の一員として白秋は、国境安別から真岡・本斗・豊原・大泊、そして敷香・海豹島と旅している。次は小沼の農場で記す一文。

◇〈や、草苺だ。ド、レ、ミ、ファ、ソ。紅いな紅いな、雨の粒。／や、木柵だ。御免なさい。／ほう、すかんぽだ、枯れ花だ。〉敷香ではこう語る。〈河口を少しくのぼった空き地には木羽葺休憩所が一つ見えていた。まだ接待の準備もつかないらしく、若い酌婦風の女が一人二人、風に吹かれて、対岸の遠いポプラや白樺のかがやきを見入っていた。真夏とはいっても何かしら寂しい秋口の朝の光であった。〉澄んだ眼の一文。

◇〈一日前に摂政宮殿下の行啓を仰いだ〉真岡での一泊の記録は、当時の樺太を語る興味深い記述となっている。〈トリップ〉。英語辞書が〈旅行〉と語意を示すのは何だろう。

2月1日（第694号）

◇昨年の暮れに、北野学君の紹介ということで、現在京都大学大学院で農林経済学を専攻している中山大将君から、A4二百ページにも及ぶ修士論文が送られてきた。札幌出身の気鋭の学徒という印象で、とりあえずは、〈序〉と〈論文要約〉を読んで礼状を出した。北野君の話では、雑誌「樺太」を熟読している勉強家と。

◇中山君の論文は、米の採れない樺太で米食を主食としてきた樺太の人々のアイデンティテーを問うている。何を言うのかと思われそうだが、このコラムで先にご紹介してあるが、樺太庁は、樺太への植民を農業植民と敗戦まで決めていて、しかも〈農民は米を食うな〉と初めから手引きに明記してきたこととかかわる。

◇樺太庁が、失敗も歴然なのに、なぜ最後まで樺太を農業植民地とし続けたのか、農業移民事情を詳細に研究している竹野君に聞いてもまだ明らかでないのだが、中山君はそこに焦点を定め、各帝国大学演習林内植民地の林内農民との比較もしながら、樺太の農民・農業とは何かを、ナショナルな視点で〈周縁性〉として論じていて興味深い。

◇思い出すのは、『樺連情報』五二六号に、杉村孝雄さんが、〈米は試作にとどまれど〉と題して書かれた一文である。樺太研究が、少しずつ深まっていることをうれしく思う。

3月1日（第695号）

◇近年、オーラルヒストリー（聞書き資料）に関する書物を書店で見受ける。戦争体験者の高齢化が生む必要事であろう。〈記憶〉のことを書いてみよう。
◇大勢人が集まったグランドで、グライダーが離陸に失敗し目前のテントに激突。白い服を着た人が全身内出血で誰かに抱かれている風景。話すことも無いままに、しかし、豊原での少年時代の鮮烈な記憶の一つ。
◇樺連六十年史編纂の下準備として『樺連情報縮刷版』を丹念に読む中で、平成五年の五一四号に亡き磯野盛雄さんが「豊原市街図」を書き、その中で、豊原の共進会の際、「空の虱」と呼ばれたフランスの軽飛行機が、公園のグランドで離陸に失敗し目前で墜落した出来事を回想されていて、びっくりした。
◇五二〇号で差波林なる人が、この事故は、昭和十一年八月十三日、始政三十周年を記念する拓殖共進会の主会場での出来事と記し、一五、〇〇〇人の人出の中で公園の売店の屋根に激突したひばり号なる小型飛行機のことを書いている。
◇記憶というものは曖昧で、検証され実証されると終る。でも、〈グライダー〉はイメージとして残る。そこが面白い。それにしてもなぜ〈空の虱〉なのか。フランス語で〈虱〉は〈pou〉。空のプー。言葉で遊ぶ私に楽しみが増えた。

4月1日（第696号）

◇本屋って何だろう。新宿のジュンク堂は本の倉庫のようでなじめないが、池袋のジュンク堂は、書物のデパートといった感じで、ついカフェで一休みする。
◇壁はもとより、押入れまで本で埋め尽くされた家で生まれ育ったせいか、豊原の書店の書棚のイメージが想い出せない。ましで古本屋さんと言われても、まったくぴんとこない。
◇先日、道新の書評欄で、『植民地時代の古本屋たち』を知り、さっそく求めて、ついでに筆者の、千葉船橋の古書店鷹山堂の店主神田信悦さんに手紙を書き、電話をもらって言葉を交した。豊原市街図の古書店図示の誤りなどあり、一度訪ねると約束したところである。
◇精神家医で作家のなだいなだ氏が、筑摩書房のパンフ「ちくま」三月号に、フランス・パリの古書店のことを書いていて楽しいが、国が違えば本屋の書棚も異なる。夏目漱石の『吾輩は猫である』が出版された年に日本領になった樺太の古書店に、どんな本がどんな風に集められ、店主がどんな顔して座していたというのだろうか。
◇沖田さんが書く、七軒あったと記す豊原の古本屋さんの書棚に、満州や朝鮮の古本屋さんとは違う風情があったのだろうか。樺太という都市文化を生きた読書国民の形成の現状を、ぜひ探ってみたい。

5月1日（第697号）

◇忘却のグラマー（文法）——。覚えることが学習とされる学校に在ってどうしたら記憶力がアップするかに腐心する中で、私はよく、人間は忘れることの上手な動物だと言い続けたものである。忘れることも能力、どう忘れるか、と。結局は、自分に不都合なことはみんな忘却の河に流して、身勝手な人生だったと、いまは忸怩たる思いでいる。

◇前号が刷り上がってから、住吉光重さんが**藤沢市**にお住まいであることも、研究者が**井潤裕**氏であることも、十分承知なのに誤記していることを知って、唖然としている。校正の問題ではない。勘違いでさえないこのミスは何なのだろうと。この頃校正ミスのお詫びも多くご迷惑をおかけしている。

◇不注意そのものの現象は、喜寿などという年齢のせいにして済まされることではないと自省するとともに、かつての口ぐせ〈忘却のグラマー〉を思い出した次第。〈忘れよう〉とする手順の中に記憶するという働きを忍び込ませる工夫のことである。関心の強度もその一つで、映像化と物語化が、記憶の極意とよく語っていたもの。

◇最近のテレビは、機械的記憶力のクイズ化が大流行。入試の季節の終了に合わせた、サービスともとれる。どんなグラマーを私が工夫すればいいのか。逆らえないなあ、と。

6月1日（第698号）

◇手元に、昭和二十年三月三十日の消印のある、宇都宮の祖母宛の私の葉書が残っている。その中に〈ミガキニシンとトロロコンブと数の子を送りました。何にもなくてバターやスルメお送りしたいのですが、何としても手に入りません〉とある。豊中二年の終り。

◇常任顧問の木匠さん赤紙召集の話の中の、内地の食糧事情。昭和十九年三月、塔路から金沢に着いたら部隊はすでに先発。止むなく召集解除になって、大阪の食堂で定食を頼んだら、ご飯のところがとろろこんぶだったという。駅弁を食べられずに腹ペコで大泊に着いたら、たっぷり売られていて、その違いに驚いたと話される。樺太は食糧に困っていなかった、と。

◇今年一月出版の、板垣邦子著『日米決戦下の格差と平等――銃後信州の食糧・疎開』を読んだ。長野県下で昭和十五年八月から徐々に実施されていった食糧や生活必要品の、統制の事情や配給制度の実態などが詳さに調査されていて、今の時点で読むと息をのむ。昭和十九年は〈重苦年〉と称し、野菜不足が深刻で、三分の一が農家という長野市の家庭で、味噌汁の実にさえこと欠く、とある。

◇昭和十七年からの樺太の新聞が全く残っていないから、樺太の事情がわからない。各家庭の食卓はどうだったのだろう。

7月1日（第699号）

◇〈大泊では、昭和十六年三月一日23時頃、北の地平線から中空に紅桃色の光象を観測、23時50分に血紅色と鮮やかになり、二日2時に地平線より無数の血紅黄色の放射状の光が中空に射出し、美麗なること言わん方なし。3時55分消失。この時の**オーロラ**は、光の色から極光帯型**オーロラ**に近いものと思われる。〉

◇大泊町楠渓町で生まれ育ち、丘上の測候所の赤い風船に憧れて四十年間気象庁でお世話になったと「あとがき」に書く五十嵐光治さんが、平成五年にまとめられて樺連に寄贈された『大泊測候所の沿革とその記録からみた大泊の気象』という、布張りのお洒落な一冊を、会議室の書棚で読む。
◇**オーロラ**は、安別、敷香、真岡でも見られた。**蜃気楼**は、昭和三年から十五年までに36回大泊で観測されている。〈大泊は四月からは最多風向が南となり、また西能登呂半島という好対象物があるので、年に数回は観測され、珍しい現象ではない〉と五十嵐さんは記す。
◇大泊で生まれ、八歳までこの港町で育った私にこの記憶はないけれど、私の身体はどこかで覚えているはずである。五十七年ぶりに訪れた生地大泊の街並みや周囲の山容の風景が甦る。「宮沢賢治文学の旅」とは異なる私たちの心の旅路を、事実に即して記しておかねばと思っている。

8月1日（第700号）

◇『樺連情報』が七〇〇号を記念する。第一号が「中央情報」として発刊されたのは、昭和二十三年十二月十五日。タブロイド版四面二千部印刷。千五百部発送したが、約二、三十人分が住所不明で戻ってきて、住所の一定しなかった事情がうかがえると、五〇〇号発行を記す道連の西村巖氏が記している。当時六千二百部と。平成三年十二月号の記事である。
◇六〇〇号記念は、当時の稲原常務の発案で会員に寄付を募り、創刊号を復刻し全員に配布した。編集に参加してちょうど一年目の私に情報の歩みを記せとの指示があって、『樺連情報　縮刷版』全六冊を一週間で読み通し、一息に書いたのが「持続する勲章」であったことを想い出す。

◇永続こそ勲章、と思ったと同時に、功成り名を遂げた時に手にするのが勲章。敗戦・引揚げに時が止まって、ダレスの恫喝が象徴するアメリカの極東戦略下の戦後日本の歩みが、紙面に記されていない違和感があった。標題はそこを問うた。一〇〇号を記念した佐々木時造、沖島鎌三両氏のすぐれた対談を紹介して、モノローグ（独語）ではなく、ダイアローグ（対話）を重視したいと暗示した。

◇七〇〇号を迎え、ますます外の目を大事にしてゆかねば〈樺太〉は残らないことを痛感している。

9月1日（第701号）

◇六十三年目の八月を迎える。広島の平和記念式典をニュースで見ながら、日本政府がポツダム宣言を、七月二十七日の受信と同時に受諾していたら、わが樺太はどうなっていただろうと思う。原爆もソ連軍の国境侵犯もない。しかしヤルタの密約があった。

◇幾つになっても想い出す日本の敗戦の日。その時、十四歳であった。いま書店に、哲学者の故池田晶子の十四歳を書名にもつ一冊が売れている。そして、あの親殺しの少女も同い年。年齢を数える年齢でもないのに、改めて一寸立ち止まる。

◇今号は、少し心して、その〈少年の眼〉にこだわってみた。当時十八歳、「北方日本」に「保吉の決意」を書いた夏川潤。今日、青春作家として名のあるその北原文雄さんに、樺太の都市の影の世界を想い描いてもらった。金谷少年が見た戦後の樺太。実に確かに淡々とその現実を語る。そして松嶋さんが、克明に記す、子供として体験した樺太ならではの生活文化。それぞれが貴重な証言である。
◇久しぶりに神沢利子さんの名著『流れのほとり』を手にする。〈国境〉の章を読み返す。丸太ん棒で区切られた国境で、片足丸太の外へ出したり、ロシアのフレップを採ったりして遊ぶ子供を通して、国境の意味を見据える文学者の眼。文章の力の凄さを思う。

10月1日（第702号）

◇追悼式に参列した機会に開拓記念祭に参加した。一年四ヶ月ぶりの札幌というなつかしさに加えて、初めての記念祭への出席であったので楽しみでもあった。
◇追悼式の、死者を葬う意義を包みこんでの重々しさに比べると、神式の祭事の解放感や、野外の記念碑前の爽快な風を浴びながらの例祭の集会の記憶は、別な意味で〈わが樺太〉を心に呼び起こす貴重なイベントとなったと思っている。
◇二十三日は〈開拓〉の日を記すとともに、昭和二十年は、ソ連軍が豊原に進駐し、強制疎開が止められた日でもある。そう言えば前日の二十二日は、明け方の留萌沖の三船受難、昼、知取での現地司令官同士による停戦の協定。ついで豊原空爆が午後に行なわれている。私たちの樺太が、不条理にも幕を閉じさせられた日々でもあったのである。
◇北海道神宮への参拝は、私個人では五十五年ぶりであろうか。まだ札幌神社と言われた時代、大学生の私は、在学四年間のうち三度この神社の神輿を担いでいる。当時、アルバイト料が重労働で一日二七〇円なのに、神輿担ぎは三五〇円と記憶している。知る人も居ない街を歩きながら、果てしなく異郷の想いを噛みしめていたあの当時。樺太を思う余裕など無かった。〈月日貫心丹〉と碑文にあった。生命在って、と。

11月1日（第703号）

◇宮下志朗著『本を読むデモクラシー』で、日本社会における貸本屋がどう誕生したかを読み、面白かった。江戸の寛永年間、十七世紀の前半にはあったというから、松尾芭蕉も利用したかと思ってみたりする。
◇何とも興味があるのは、貸し本屋の本は、「継ぎ本」と称して、読み終えた本は回収されて新しい本が届く。その本の運び屋さんが、越中富山の薬売りの商人で、時には薬、時には本を担いでは、江戸の路地を歩いていたらしいとのこと。
◇豊原の官舎に住んでいた頃、紙風船の景品などを手に、玄関で、さまざまな色の箱に入った薬を店開きする富山の薬売り。そしてその人をつかまえて、熱心に話をしかけていた母の姿。群がる子供たちの関心とは別に、おそらく母は、内地の生の情報をそこで手にしていたのだろう。テレビもなく、ラジオもままならぬ時代だったから、毎年定期的に訪れてくる富山の薬売りさんは、限りなくホットな内地の情報の、貴重な運び屋だったのだろうといまは思っている。

◇沖田著『植民地時代の古本屋たち』をきっかけに、豊中の先輩の丸山さんと二人で、豊原の書店と古本屋の地図を完成させた。廉売の片隅の古本屋が貸本屋でそこで夢中に本を読んだと語る何人もの先輩の話。文化の道を思い見る。

12月1日（第704号）

◇秋の冷気を孕む透明な風に接し始めると、〈郷土〉という言葉を想い出す。引揚後転々とした土地に、一度も郷土を感じることのなかった私だから、生地樺太こそ私の郷土なのだろう。僅か十四年と思いはするものの、大泊や豊原の現在を映す周囲の山容の相貌には、やはり、昇る陽沈む陽の日常が甦ってなつかしい。

◇昭和十二年に刊行された『樺太郷土読本』（樺太教育会編）のコピーが手元にある。金田一京助「心の小径」から始まって、白秋、有三、泡鳴、小波と著名な文人の詩文が並んでいるが、現在の私の眼からは、すべて旅人が記した樺太であって、そこに私の郷土は無い。

◇読み知ったことから言うならば、谷内尚文著『樺太風物抄』と荒澤勝太郎の著『粉雪の魅力』のこの二冊が、私の住んだ樺太の自然を克明に、そして愛情をもって描出していて、文学になじんできた私の眼に、見知らぬこともがことのように感じられて何とも心地よい。貴重で優れた文章の精華だと思う。
◇綱淵謙錠にしろ譲原昌子、そして寒川光太郎、宮内寒弥と、際立つ樺太文学の担い手たちは居るが、いずれも、樺太開拓時の荒々しい努力の描出が主で、私の知る郷土としての都会の風物を描く作品には出会えずに居る。少しずつ樺太の言葉の森を、と思う。

＊……………………2009年

1月1日（第705号）

◇〈ああ汝　寂寥の人／悲しき落日の坂を登りて／意志なき断崖を漂泊《さまよ》ひ行けど／いづこに家郷はあらざるべし／汝の家郷は有らざるべし！〉　詩人萩原朔太郎晩年の詩集『氷島』冒頭の絶唱『漂泊者の歌』の終章である。響きが染みる。

◇ハイマーロースト（家郷喪失者）を認じていた学生時代、私はよくこの詩を口ずさんでいた。札幌駅から北十八条方面に行く電車の通り路に、かつて陸橋《おかばし》があった。吹雪く日は、よくそこへ佇って、下の鉄路を見やりつつ、南へ行けば詩人たちの住む東京があり、北へ行けば生地樺太があると想いつつ、〈汝の家郷は〉という詩句を、独り呑みこんで日々を生きてきた。

◇東京オリンピックの翌年上京して、東京生まれの若者たちが、口を揃えて〈東京に故郷は無い〉とのたまう姿に接し、正直驚いた。私の生まれた世界大恐慌の時代、〈故郷を失う文学〉を書いた評論家がいたが、植民地と化した都市が招いた故郷感解体の実情を目のあたりにして、改めて〈日本という国家〉のあり方を考えさせられていた。

◇〈内地からの引揚げ〉という不条理を体験させられた私たち。石風社から『わが内なる樺太』を出版した。〈樺太〉を知ってもらうことに役立つならうれしい。いま樺太は、私にとっての〈家郷〉である。

2月1日（第706号）

◇昨年三月に、趙又貞さんという、インディアナ大学の博士課程にあって、サハリン在住の韓国三世を中心にした調査をしている若い文化人類学の研究者が、北大スラ研の荒井教授の紹介で私を訪ねてきて、三週間ほどお世話をした。樺太研究の話が出来て楽しかったが、一つ予想外の質問に虚をつかれた。ナゼ樺連は**カラレン**でなくて**カバレン**なんですか、と。〈カラレン〉では空手になってしまうとか、やはり白樺からかと話してみたが、根拠はない。

◇一昨年「樺太渡島事始め」の連載で国会図書館に通い、明治三十七、八年に北海道で出していた三大新聞、「函館新聞」「小樽新聞」「北海タイムス」の中の〈樺太〉の記事を限なく調べていて知ったことは、記事のすべてに〈樺太〉はすべて〈**かばふと**〉とふりがなされていることであった。

◇ところが、明治三十八年七月、八月に博文館から出版された『樺太写真帖』、『樺太回復記念帖』では、たとえば、〈譲与後の樺太島《からふととう》〉の章の冒頭に〈樺太《かばふと》は〉とあって、両方使われている。

◇明治四十二年冨山房刊の『大日本地名辞書』（全八巻）の「樺太」の巻には、項目〈樺太〉には、ふりがな〈**カバフト**〉である。〈カラフト〉の転声改定したるものと説明する。わが生地はまことに不思議な島である。

3月1日（第707号）

◇豊原の市街図を見ていると、結構何本かの川が走っている。私は刑務所側、樺太師範前の野原を流れる川で遊んだ。或る所は護岸が整い、小さな人工の滝があって、そこに八つ目ウナギが鯉のぼりのように壁に口つけて整列して魚体を靡かせ、私は吸血魚の怖れを抱いて遠くから見ていた。
◇草に覆われている枝の陰では、よくハンケチを拡げてトンギョを掬った。そしてドンベエ。ところが、王子社宅を流れる玉川では、30㎝もあるドジョウがザルで掬われて、なぜかすぐ死んで臭くて食べられなかったとMさん。鋼像山の麓に住むT君は、庭を流れる川でイワナが釣れ、トンギョは池にいっぱいいたと。豊原公園の池はヒメマスが居たね、と。ところが街中の住人F君は、市内の川には行かず、清川でヤマメ釣ったと。
◇豊原と言う四万人ほどの小さな、でも住み分けのあった街の中の遊びの彩り。木匠先生の話。豊原西一条中通りの夜店でウグイを釣った。糸はわが家の洋服屋の糸を使っては怒られたと。豊中二年時の、留多加山中の軍用道路造りの動員で、箱詰めの鱈の蛆を洗いに川に行き、カラフトマスだったろうか、埋め尽くす大群に息をのんだ想い出。
◇私の興味は魚の分布図にない。少年時の、一人一人の生活文化の記憶としての自然図が面白い。

4月1日（第708号）

◇米・ソ協定にもとづく公式の樺太引揚げ。『樺太終戦史』によれば、二十九万二千五百九十人の、全船の乗船者名簿が見付かる。三月六日、樺太会館斜め前の外務省外交資料館に、九年前から公表されていることを、竹野学君が発見して知らせてくれた。驚愕する。昭和十六年末以降の人口統計資料さえ記録されていない樺太の状況を考えると、極めて貴重な戸籍簿だろう。

◇外務省による「戦時外交記録」の公開によるものと判明しているが、初めの方は、ロシア語表記にカタカナで氏名が付記されているが、すぐ止めてしまったらしい。サンプルを竹野君からもらってあるが、お役所仕事の杜撰さか。マイクロなので文字が小さく、ロシア語は私には読めない。

◇私の名前はこの中に無い。戦後、ニュース映画や写真等でよく見ていた引揚げ船。日の丸が振られ、笑顔の中での送迎の風景。私には縁の無いことであった。『稚泊連絡船史』によると、昭和二十年八月二十四日に稚内に入港した最終の宗谷丸、定員七百九十名のところ、四千五百名を乗せたと、当時の船長は語っている。戦後すぐの強制疎開による引揚げ者は、自由渡航を含めて約十一万人と『樺太終戦史』は記す。推定である。

◇完全な乗船者名簿は、はからずも、記録なき樺太引揚げを浮き彫りに。

5月1日（第709号）

◇五年前に百歳の天寿を全うした母は、小学校教師をしていたこともあろうが、歌うのが好きであった。九十六歳で脳梗塞で倒れるまで、時にピアノを弾きながら歌ってみせた。

それが〈コンナ女ニ誰ガシタ〉だから、息子の私からすると逆だよ、と思ったものだ。
◇樺太時代、家事をしながらよく口ずさんでいた歌を二つ覚えている。一つは、「谷間の灯」であった。大泊初音町の中学の官舎が、泊中とジャンプ台の間の谷地にあったことが、その理由でもあったろうか。
◇もう一つが〈真白き富士の嶺　緑の江の島〉という歌であった。中学生のボート遭難死を扱った歌を、なぜ母がよく口にしていたのか。その謎を知ったのは、樺太時代を調べ始めてからである。この事件の担任教師石塚教諭が、大泊中学の教師であったことを知った。
◇石塚教諭（池上巳三郎）が、芥川賞候補作家宮内寒弥の父君であることも、知って驚く。事件当日の見合いの相手の作詞になるこの歌が、結局は石塚教諭の責任辞職、岡山から樺太へという生き方を強いる。宮内寒弥著『七里ヶ浜』は、その過程を詳細に追っていて、胸を打つものがある。
◇父がなぜ樺太へ渡ったのかは、家庭の事情とわかってはいるが、母が好んだ歌の背景にも、外地樺太の意味はあったと知る。

6月1日（第710号）

◇現在、地球は感染症に怯えている。老人は罹り憎いという弱毒性新型インフルとは言うものの、関西の感染者は百名に近い。日露戦争末期の樺太占領時に渡島した人々の職業に、湯屋と理髪業があるのも行政上は伝染病対策であった。万全にこしたことなし。
◇月刊誌「みすず」三月号の「現代医学はひ

とつか」で、精神科医の中井久夫さんが、四歳から六歳までの自身の病歴を書いている。麻疹、風疹、おたふくかぜ、水痘、伝染性紅疹、と。同世代だから、樺太時代の私自身の病歴を想い出す。

◇四歳の時に疫痢に罹る虚弱児童だったから、太陽灯と肝油はかかせない。鼻だ喉だと吸入器の世話になり、発熱しては辛子湿布。回虫や蟯虫のせいで、学校ではバケツから海人草を飲まされた。トラホームは、ガラスの棒で目の中に塗り薬を入れられた想い出。

◇樺連書棚の『樺太衛生概況』によると、昭和十二年末で樺太全島の病院数は一九一。七三の市町村に病院はあった。豊原15、大泊9、真岡8、恵須取8。医者は一四四名。仮免許者八〇名。三二万人の島民。全国の人口比からは高い方だと。

◇中井さんは、明治二年で全国に医者は一万人居て、人口比からは世界最高だろうと記す。最近の医師不足は何が原因だというのか。健康でいたいもの。

7月1日（第711号）

◇七月七日は、日露戦争末期の樺太占領軍が、時のメレア、樺太の女麗、現在のプリゴロドノエに上陸を開始した日である。戦闘は実質わずか十五日間。一万四千人の樺太攻略軍に、わずか二千の島の義勇軍では戦いにならなかったが、唯一の激戦が、後の軍川、ダリネーの戦いであった。

◇豊原郊外の西久保神社は私も参拝した覚えがある。大正四年七月十二日、当時北海道長官であった西久保少佐の実兄が故少佐の軍刀を寄贈され、樺太神社の神官をはじめ、岡田樺太庁長官らの祭文・祭詞があり、盛大な鎮座祭が行われ、この激戦で殉じた計十九柱が合祀されたと、上田光曦著『西久保少佐』は伝える。

◇日露戦史は、樺太領有をほんの数行の樺太占領軍の戦勝記録で済まし、『樺太沿革・行政史』もまた、〈樺太の南部も北部も占領はかんたんであった〉と記すのみで、ダリネーの激戦は記録されず、樺太占領で戦死した七十五名の人々を祀ることもしていない。すべて講和による平和な領有と。

◇札幌の吉田甲一さんが時々電話を下さるが、父君がこのダリネーの戦闘に参加されて西久保神社の創建にも尽力され、吉田さん自身も、この神社を守ってきたと。靖国神社の遊就館も記さぬ樺太占領。歴史は何を記録するべきか。忘れていいことではない。

8月1日 (第712号)

◇日本聞き書き学会最優秀賞に輝いた吉田幸子さんが、樺太引揚げ者を対象とする初めての一冊を上梓した。自著紹介を掲載したが、資料を借りて補足しよう。

◇三十年前ご主人をなくし、二人の息子さんを育て上げた後、自らの老いを見つめるために介護施設でデイケアのワーカーとして働き、女の生きにくさを心のわだかまりとして感じる中で、「聞き書き」を始めたのが、六年前だと言う。

◇受賞作「アイ子ばあちゃんのはなし」は、

車で片道二時間半、十五回黒松内を尋ね、録音は六十時間に及ぶ。「樺太の聞き書き」は三年かかり、毎回三時間ほどを要したと言う。大変な労作。
◇「聞き書き」は、筋立てを解明しながら、生《なま》の語り口を損なわない手仕事が難しい。刊行を知って殺到した電話の応答を通して吉田さんは、「誰にも語れずにきた想いの内に、語る糸口をくれたと思われたようだ」と語る。あたたかく親しみのある文体も、さらに封印を解いたのだろう。カタルシス（浄化）である。
◇もちろん限られた人たちの語る樺太引揚げの記録である。吉田さんは樺連に、聞き書きの企画は無いのかと問う。重い問いかけと思う。大東亜戦争も樺太も知らない若い読者のための細かい補註にも、筆者の心配りが見える。会員のみなさんの一読を奨める。

9月1日（第713号）

◇六十四年目の夏を迎える。当時の年齢を足し算して、長くも生きてきたものよとつくづく思う。
◇もう八年前になるが、「情報」六一六号に、気象関係のお仕事をされていた島崎昭典さんに「天気図は語る八月十五日の樺太」を書いてもらい、昭和二十年その日の豊原の天候について、当時の天気図と共に具体的に証明してもらった。
◇〈十五日の樺太は低気圧と前線の接近に伴い、曇りで所により雨となり、南寄りの風がやや強かったと思われます。〉と。
◇当日が快晴と記憶している人が多く、日記をつけていた私の友人が、〈曇り、時々小雨〉とあるのに誰も信用してくれないという一言で記事にしたもの。
◇昨年、李炳律著『サハリンに生きた朝鮮人』が刊行され、その61ページにこうある。〈正午ちょっと前、雨が急に上がっていた〉〈天気の変わり方に何も不思議がることはなかったが、無条件降伏の発表に合わせたように天気が晴れ上がっていたことを、人々はやはり不思議に思った〉と。小沼でのことではあるが。
◇昭和五年『豊原町要覧』が、年間快晴35日、八月のみでは3日、降水12日、曇天15日とあることを考えても、いまとなってはどうとも決めかねる。一人一人の記憶こそ、豊原であり樺太なのだろう。

10月1日（第714号）

◇『樺太連盟史』詰めの編集会議に参加するために一年ぶりに札幌を訪れ、開拓記念祭のカメラマンを仕事して、急ぎ厚別の北海道開拓記念館を訪れ、朝から行なわれていた『日本帝国崩壊と人口移動』なるシンポジウム最後の報告者、竹野学君の「樺太引揚げと北海道」を聴き、終わって竹野君、京大の中山君と三人で四十分ほど歓談して帰京。
◇竹野君が〈こんなに樺太に関心をもつ人が居るのか〉と感慨深げだったが、私が『樺連情報』六四九号に、「樺太ブックレビュー」を書いて樺太研究の現状を総覧して紹介した時は、専門家は五人と居なかった。昨年アテネ社から出た『日本植民地研究の現状と課題』に収録された竹野君の「樺太」の項は、戦前から今日までの樺太研究の詳細を展望したもので、将来共に残る重要な調査報告である。
◇しかし、決定的に資料を欠く日本統治時代の樺太。人口統計の最後が昭和十六年末であり、今回紹介した星野氏の一文にもある六万七千四百部を発行していた「樺太新聞」は、道の文書館に六部あるだけで跡形も無い。竹野君によれば、ワシントンの公文書館にも無い由だから、後はモスクワの公文書館頼みだろう。
◇樺太は何故内地にさせられたか。問いをさえ封印した紙と木の文化国日本。残念でならない。

11月1日（第715号）

◇久しぶりに小樽を訪れ、海の匂いのする街を思う。生まれた大泊を。そして大正期、樺太への移民はみなこの街の港から渡ったとも。
◇移動展をみるのは、東京についで二度目である。都庁45階の、はるか北を覗かせる展望室の樺太と、移民たちが心固く決意して出航を待ったであろう港町の、一隅で辿る樺太回想と。
◇賑わいだ商店街から少し離れて、石造りか。中は華やかなホールになっている。その奥の、こじんまりした落ち着いた長方形の室が会場だった。整理が行き届いて、教科書のページを操るようにして、壁の説明をゆっくり読み、ケースにゆとりもあり、一つ一つ丹念にじっくり確かめて移動する人たちの歩みが、心の内の記憶を回想する貴重な生の営みに似て、離れて静かにみつめていた。小樽移動展の成果であったろう。
◇いつものことながら、担当者のご苦労に感謝する。五時間ほど居て多くの人たちと話をしたが、『望郷　樺太』をまとめられた函館の吉田幸子さんと初めてお会いしたのは、うれしい出会いであった。移動展の一つの効用でもあろう。
◇希望も残った。〈小樽と樺太〉とのかかわりを、前号磯島常務に書いてもらったが、初めて樺太を知る人たちもあろうから、特設されてほしかった思いがあったことを記しておく。

12月1日（第716号）

◇十月五日、北大工学部で行われた「樺太時代の歴史・文化遺産の保存問題に関するシンポジウム」の、ロシア側の報告資料が、建築の専門家で、幼なじみの船木幹也君から届いた。ゴニュコーヴァ・サハリン州文化局長など、四人のサハリンの研究者が報告していて興味深い。
◇戦後、南サハリンにおける日本の歴史・文化遺産の保護、保存の行政処理の経過が詳細に記されていて貴重であるが、船木君も深い関心を寄せせた、州文化局のサマリン氏の講演「樺太時代の魅力的な対象としての橋梁」の内容は、素人が読んでもなつかしかった。
◇父君が樺太庁の土木技師であった船木君は、豊原近郊の橋をめぐる父子の回想を記しながら、この講演への感想を語っていて、残存する橋の数々を力作揃いと評し、それらに、当時の若い土木技師達の思いが伝わるとした上で、追手のキネン橋についてこう書く。

◇「鉄筋コンクリートの二本のアーチの上に木造のピアを立て、その上に水平の木の桁を架けた構造を持っており、現在の日本でも見たことが無い、とてもユニークできれいな橋です」。

◇泊岸の千歳橋、北遠古丹の橋のことなどが報告されている文章を読みながら、喪ったものの大きさに思いを馳せるのは、当然のことであろう。

＊……………………２０１０年

1月1日（第717号）

◇新らしい年。視点を変えて少し遊ぼう。角川書店刊の雑誌「短歌」。毎年十一月号は短歌賞の発表があり、楽しみに読む。今年は札幌の26歳の山田航《わたる》氏の「夏の曲馬団」50首が選ばれた。

◇麦揺れて風はからだをもたざれど鳥類であることをみとめる、とか、地球儀をまはせば雲のなき世界あらはなるまま昏れてゆくのか、などが、何気ないからこそ繊細な感性が働いて、私にも優れた才能を感じさせる。

◇その中の一首「切り傷は直線をなすアフリカの幾つもの国境《くにざかひ》にも似て」が私を立ち止まらせた。審査員の梅内美華子氏が〈地図と切り傷を結びつけるものが見えてこなかった〉と評し、永田和宏氏は〈切り傷のような国境が痛みのように頭の中にあると思う〉と補なっている。

◇二月六日に、北大博物館の土曜市民講座の一環で〈国境〉を語る私は、いましきりに北緯50度の線国境策定の記録を読んでいる。約132km直線のあの樺太の国境を思い出す人はもう居ないことを、改めて思う。

◇といって、私自身当時国境を訪れたことは無いし、敷香の友人たちの中に、あの標石に触れた人を知らない。ソ連軍の越境と無謀な恋の逃避行でのみ語られる国境が、私たち島民の真の心の痛みじゃなかろう。地続きの国境の意味したものは何だったのだろう。

2月1日（第718号）

◇先号、道連の「事務局だより」で中松君が道立文学館の樺太企画展「図録」に書いた〈サンチンの木の生る街〉に触れてくれた。北大の博物館の市民講座でもそのことに触れようと思っているので少し書いておく。
◇菅原繁蔵さんの『樺太植物誌』の〈クロミサンザシ〉がサンチンかと思うが、サンチンの名の由来はわからない。豊原一校の仲間たちには懐かしい樹でも、樺連の方たちはご存じない。官舎の庭樹かと言う由縁。
◇日露戦争末期の樺太占領後、その年の正規の越冬者、職業一覧に〈点燈夫〉が居て驚き、やがて樺太占領時のウラジミロフカやコルサコフの街中に、立派な街路燈の立つ写真を見付けて納得した。真岡の小森良彦さんも、家にガス燈があったと話してくれている。
◇私が話すのは、樺太は北海道の屯田兵による開拓地とは違って、最初から都市生活を夢見た人々の島であり、すでにロシア人の営む商業地が開けていたことを、当時の北海道民は知っていたということである。「樺太渡島事始め」ですでに紹介してあるが、樺太近代史を語るには基本的な視点であると、私は考えている。
◇〈サンチンの生る街〉から樺太紹介を書き出した理由は、そこにある。真岡の街造りが、初め花の名で町名を記したなどを含め、書いてほしいもの。

3月1日（第719号）

◇私にとって樺太とは何だったのだろうと問い始めて十二年目に入る。ようやく生地樺太が視野に入るようになってきて、改めて世の人々の樺太像に注目してみると、やはり愕然とする。

◇以前、植民地文化研究会が、日本の植民地を「満州・朝鮮・サハリン」と題目で併記してあきれたが、先日、北海道立文学館から原稿を求められ、その企画書にこうあって驚いた。

◇〈多くの日本人が暮らしていたサハリン（旧樺太）は、多民族が入り交じった独特な社会と新しい町並み、美しい自然を持つ未知の「新開地」として――〉

◇しかし、こうした誤認を責められないのは、樺太を歴史として書いた書物が書店にまったく無いことだ。嘘も多い。かつて「情報」に樺太研究の現状を紹介した頃に比べると、いまは若い研究者がたくさん出ているしジャーナリストも関心を持ち、みなサハリンを訪れている。研究会に招かれ話を交わすのは楽しい。

◇それでも彼らの中に、樺太を〈多民族の入り交じった独特な社会〉と認識している人が結構居る。樺太時代、私の住んだ豊原では、アイヌは博物館の人であったし、白系露人は二家族。身近な朝鮮の人は中学同期の二人のみ。現状からの類推が生む誤認である。樺太は、シンプルな日本人社会であった。

4月1日（第720号）

◇〈東アジア構想〉などという言葉がメディ

アを流れるからか、〈樺太はアジアか〉という永年の問いが、私の中に甦る。
◇愉快な一冊を紹介しよう。『東方見便録』。内澤旬子のイラストが載る斉藤政喜の、「『もの出す人々』から見たアジア考現学」なる文春文庫。二〇〇一年の刊。私が紹介するのは、その中の「サハリン――木製便座にアジアを見た」の一文。彼も問う。〈北海道のすぐ上にあるサハリンは、アジアなんだろうか?〉と。
◇船から降りたぼくとイラストレーターの内澤が目にしたのは、ヨーロッパの風景だった。建物は西洋建築、看板はロシア文字、通りを歩く人々は顔の彫りが深くて体格がいい白人である。アジアの喧騒と混沌がなく、整然とした町並みが続いていた。日本との接点を思わせるのは、通りを走っている車のほとんどが日本の中古車ということくらいだ。
◇ぼくはさっそくトイレを見せてもらった。腰掛け式のいわゆる洋式便器。便器は普通の白い陶器なのに、便座は木製なのだ。このような木の便座スタイルのトイレをどこかで見たことがある……と思い返していた。
◇そうだ! 北京だ。ぼくはサハリンの意外な場所でアジアのトイレに遭遇することになる――。要約してみた斉藤の一文。アジアかなあ。

5月1日（第721号）

◇前号、伊藤ミエ子さんの文を楽しく読み、久しぶりに樺連本部の書棚から斉藤まき子さんの『遠い断片―私の樺太物語―』に目を通した。鰊の味醂干しを〈鎌倉〉と言っていたことや、ジャグ・フロスト（窓霜）のこと。かるた取りのこと。樺太時代の生活の実感をいろいろ想い出す。

◇もう一つ。前号の伊藤哲郎さんの勤労動員の話は、樺太における塩の道を記す貴重な報告としてお載せした。砂糖もどうだったのだろう。もちろん米も。北海道の米は〈ドンマイ〉と称してまずいお米の代名詞になっていた記憶が甦る。斉藤さんのパン子さん、伊藤さんの塩煮イモ。樺太時代の生活文化の実相が生き生きと記される。

◇この十年、『樺連情報』の編集に携わり、かつての情報を何度も読み返して思うことは、記事の大半が大文字の〈樺太〉。政治社会に置かれた樺太を、大上段に論じ記録することに熱心ではあったが、樺太が樺太であった日常の生活記録は、極端に乏しい。書かねば。

◇伊藤哲郎さんの文章に即し、豊中時代の勤労動員で体験した冬場の機関車の氷取り作業や、米俵のトラックへの積み込み。そしてコルホーズのような大農場での、種牛の牛舎の二階での、焼きビートを噛った日々。〈馬糞蹴り〉。やってたなあ、と。

6月1日（第722号）

◇岩波の小冊子「図書」巻頭に、言語学者の田中克彦が「レクラム文庫から草原の読書へ」を書き、モンゴルの出版物に文庫のような小ぶりのものが多いのは、遊牧に出かける牧人が長靴の中に収まりやすいように工夫した結果と記していて、なるほどと思う。
◇いま話題の英文学者外山滋比古さんが、かつて教科書編集の仕事の席で私に、岩波は星に値段をつけたと呟いて、面白い発想と思ったことがある。文庫に親しんだ人なら、帯の星の数で値段が表示されていたことを覚えておられるだろう。
◇今日、書物や新聞の危機が問われ、深刻な事態になっている。要は、携帯やネットで文字が読まれるようになり、紙に印刷された活字の文化が必要をなくしているという事態がある。港千尋の著書『書物の変』などが問いかける、グーグル国連時代の到来である。
◇時や環境によって書物も変化し、メディアが革新されるのは当然であろう。三十年ほど前か、西洋紙の耐用年数は百年とか言われてマイクロ化が促進された。国会図書館の書棚が崩れ落ちる夢を何度見たことか。
◇ページを操ることも文字の拡大も、指の平で容易に操作される様を見ていると、これが本だろうかとどうしても思ってしまう。ともあれ、関心無きものは消えてゆくということ。

7月1日（第723号）

◇『樺太連盟史』のグラビアページの写真選定の目的があって、道連を訪れ、樺太関係資料館も訪れ、ゆっくり閲覧し、新しい樺太の友とも出会った。いま私たちにとって、あの記念館が故郷樺太だろう。
◇しかし本音を言えば、戦争記念館の趣が強く、樺太近代四十年の、あの充実した生活環境が僅かしか記されていないから、歴史博物館とは言えない無念がある。資料がないことは初めからわかっていることだから、それを補う努力が欲しかったというのは、私に限らず、樺太の友人や会員たちとよく語ってきたことであり、元資料委員の西村巖さんとも今回語り合い、共感し合ったことであった。
◇樺太一世と私の言う、私の父たちの世代がなぜ樺太を記さずに終えたかは、それだけ無念だったのだろうと私は考えてきた。だからこそ、少ない資料を通して私たち樺太で生まれ育った者の全身の記憶と培われた言葉によって、樺太を記録する努力をしたいと、私は考えるからこそ〈樺太紙の記念館〉と書いてきた。
◇無言のモノは、記憶する人間が死ねばゴミになる。だから記録を、が、常識であろう。記憶を一人の心の中に留めていては歴史にならない。共に汗をかいて〈樺太〉を記録し、先達たちの功労に報いようではないか。樺太は熱い。

8月1日（第724号）

◇七月七日、沖縄返還や安保改定に関する外交文書ファイル37冊の一般公開というニュースを、各紙夕刊が一斉に報じた。作成後三十年たった文書の原則自動公開という新制度の初の適用という。場所は、樺太会館の目前の外務省外交史料館。
◇あれほど国民を湧かせた沖縄基地問題。しかし今回の参院選ではいつかスポイルされて、話題にもならない。条文もない日米同盟。その合意とは何だろう。普天間の飛行場移転は何処へ。沖縄の人たちが背負っている戦争の傷が癒される術は無い。忘れられていいことではないだろう。

◇七月七日は、はからずも日露戦争末期の樺太占領軍が、時のメレアに上陸した日である。わずか十五日間ほどの戦闘とは言え、七十五柱の英霊があの島に眠っている。豊原に住む者は、軍川の西久保神社を覚えているだろう。この尊い犠牲の上に樺太近代四十年があることを、なぜか歴史は忘れ去ってきた。

◇外交史料館の文書公開で何が明らかになるのか。今なお密約のままのクラスノヤルスク合意は、いつ公開になるのか。制度に基づけば後十年は雲の彼方。樺太がサハリンになる大きな鍵がそこに在るはずである。止むなしとしても密約はフェアーではない。経緯だけでも、事実に即して明らかにしてほしい。

9月1日（第725号）

◇八月は記憶の月。原爆、沖縄、満州、シベリア、そして大空襲——。戦争が終わって六十五年が経つ今年、マスメディアは挙って戦争の惨禍を報じ、今年のキーワードは〈核廃絶〉となっている。

◇六日も九日もまだ豊原に在った私は、あの二十万人もの死者を出した原爆の被害をどう伝え聞き、何を考えていたか。「樺太新聞」も消えてしまって確かめる術がない今日、私には確認の仕様がない。記憶の片隅にある〈新型爆弾〉という用語は、引揚げてからか。

◇浅田次郎の『終わらざる夏』が売れている。千島占守島の〈知られざる戦い〉を描いている。その冒頭を読みながら、一向に前に進まない。大本営の作戦課を舞台にしての、本土決戦に向けた大動員の話から書かれ、すべては員数合わせの冷酷非情な動員表に翻弄される、盛岡の農村の人たちの日常が、丹念に描出されてゆく。今日の人々はどう読むのだろう。

◇戦争は戦闘とイコールではない。戦火を浴びる悲惨と同じ時間、一発の砲声を聴くこともないのに、或る日突然、親の指示で難民となった体験を持つ私の戦争もまた、まぎれもなく戦争であった。浅田が書く同じ頃、樺太の人々への召集令状は、どのような悲惨を生んでいたのだろう。そこへの検索の眼を思う。

10月1日（第726号）

◇この夏の暑さは唯事ではないから庭にも出ず、蚊に刺されることも少ない。〈孑孑〉という漢字をみつめていると、敗戦の夏、引き揚げて栃木県の宇都宮に住み、住む所も食べる物も尋常でない生活の中で、蚊に悩まされたことが思い出される。出来物で血だらけの毎日。

◇豊原に蚊はいたか。少し前、小・中の友人たちに電話をかけまくった。社宅や官舎街、中心部に住んでいた仲間は、居ナカッタネエ、と。でも郊外の友は藪蚊がひどかったと。明治四十一年頃の市街地造成時に、豊原はすでに下水道を完備する都市。豊原で〈孑孑〉を見た覚えが無い。ボーフラと読む。

◇日本語の漢字は、異国の人には極端に難しい。福生・生田・相生・壬生は地名。今生・生卵・生憎・生毛・弥生、そして生一本。生け花もある。紫陽花の七変化どころじゃない。楽しくてならないのが、私である。
◇八月二十八日、北大博物館での、DVDを見ながらの公開座談会に招かれた。「知られざる北の国境」。千島や樺太の国境が問われたが、その席で、樺太は植民地かも話題になった。帝国議会の議事録には朝鮮・台湾・樺太は、共に外地と記されている。
◇内地になったが敗戦ですぐ外地扱い。でも、**樺太は樺太**。子子は蚊？　日本人の遊びの精神《こころ》か。

11月1日（第727号）

◇今はもう秋。だが、私の肉体は納得していない。むし暑すぎる。樺太で紅葉を見たろうか。〈秋の夕日に照る山紅葉〉と唱いつつ、紅葉を紅葉として見た記憶がない。言葉の風景ではなかったか。
◇国文学を学び、万葉・古今・新古今という古典が、四季に分類されていることも十分知り、和辻哲郎の『風土』などしっかり読んで、モンスーン地帯の文化現象も納得している。〈秋来《き》ぬと目にはさやかに見えねども風の音にぞおどろかれぬる〉という、小さい秋見付けたは、何度口ずさんできたろうか。国によっては四季の無いところのあることも、読むことで知った。
◇フランスのアルザスに一年住んで、庭のマロニエの黄葉が、一度にドサッと地に落ちる風景を見て、〈すべては落ちる。世界を両掌で受け止める〉と書いたヨーロッパの詩人の秋も、なるほどと思った。

◇日本人の感性の思想辞典である『歳時記』は、初め、困った。〈蝶は春の季語である〉と言われても、私にそんな春は無かった。やがて『歳時記』は、それぞれの土地で作られていることを知る。日本は長い列島である。
◇秋という秋が在るのでは無いと思うと同時に、豊原という街の秋とはどうだったのだろうと思い返す。樺太はそろそろ雪であろう。吹雪は冬である。

12月1日（第728号）

◇正味八十歳になった。後期高齢者とお役所が言おうと言うまいと、昔の仲間が集まると、訃報と病気の話になる。健康オタクへの参入ですね。

◇ところで、〈健康〉という言葉は、明治になってから生まれたもので、福沢諭吉の功績と言われ、近代の造語である。江戸期までは〈養生〉である。一人一人の努力と。貝原益軒を思い出す方もおられよう。
◇掌元に、私が豊原中学の一年生になった時の、学校から渡された「體力票」があり、そこにある〈健康ヘノ實践〉五ヵ条が面白い。〈外気・鍛錬・休養・榮養・環境〉とあり、〈鍛錬〉は〈戸外運動朗ラカニ摩擦デ皮膚ヲ鍛錬セヨ〉、〈榮養〉は〈偏食セズニヨク噛メヨ〉。乾布摩擦がなつかしい。
◇「體力章検定」の項目は驚く。〈50M・200M走力・走幅跳〉のほかは、〈手榴弾投・懸垂屈臂・重量運搬〉と。40キロの土嚢担ぎが辛かった。何を体力と考えていたかがうかがえる。

◇ラジオ体操は、昭和三年、昭和天皇即位記念の国家事業として始められており、健康優良児の表彰は、昭和五年、朝日新聞社の事業。〈走力・聴力・投力〉の運動能力のほかに、品行・親族家庭環境も調べられている。そして、健康優良児はいち早く召集されて戦地へ。
◇さて、私にとっての健康とは、ですね。

＊……………………２０１１年

１月１日（第７２９号）

◇このところ、毎朝、新聞をひろげて、広州アジア大会の記事を楽しんで丹念に読む。第十一日目を報じる今日の紙面に、〈韓国小差V混合ダブルス〉とタイトルのあるのが〈囲碁〉とあって、うーんと首をかしげている。これがスポーツ？

◇樺太時代、正月は必ず家族全員でカルタで遊んだ。妹たちと雪に閉じ込められ、ストーブをガンガン燃やした畳に対座し、父をメインに、交替で読み手になっては取る遊び。わが家のカルタは、厚紙の「百人一首カルタ」。上の句から読み、取り札は下の句のみ。〈むすめふさほせ〉は今も忘れない。

◇戦後一年住んだ函館で、函中の友人宅で遊んだカルタで仰天した。いわゆる「下の句カルタ」とも言われる北海道独特の「板かるた」。全神経を耳と目と指に集中させて、静寂の中でさっと札を払うわが家のカルタ遊びとは一変して、豪快そのもの。男の遊びだった。

◇現在競技人口百万と言われる「競技カルタ」は、近江神宮の名人戦やクイーン戦で有名だが、ふり返ってみれば、わが家のカルタがまさにこれ。発生は江戸の初期。じゃあ、囲碁も競技でおかしくないわけだ。

◇豊原の友人たちに尋ねると、カルタ遊びをしなかった家もあるが、大方は板がるた。吹雪に見合う遊びだったろう。樺太と北海道との結びつきを思う。

2月1日（第730号）

◇柴山さんから届いた八月十六日の「樺太新聞」は、玉音放送からわずか四日で樺太を去ることになった私の樺太を、一気に思い返させてくれた。

◇十六日。確実に紙面に目を通していたはずだが、記憶が戻らない。ただこの朝、豊中から連絡があって、前日まで豊原駅隣の丸通で勤労動員をしていた同期四十名ほどが、下着一枚もって学校に集合。列車で元川上までゆき、坑内地下に埋蔵されていた砲弾を、トラック荷台に積み込む作業を徹夜でさせられることになる。なぜか列車が満員で、機関車の土手っ腹にしがみついて辿りついた覚えは幻覚だろうか。そして十九日には突然退島している。

◇「樺太新聞」を読む。ミッドウェイ海戦の大敗は、当時、教室の掃除をしながら友人たちと語り合い、日本の敗戦は予知していた。しかし、天皇陛下のために戦って死ぬという思いに変わりはなく、樺太の孤島化が自決を必然としていることに、疑念を持たぬ中学三年生でもあった。だから、あの玉音放送は、ソ連への宣戦布告だと信じていたのも、間違いなかった。

◇晴天の霹靂と感じると共に、国家の嘘もしたたかに知らされた。平出大佐の大本営発表の声音が、いまも耳朶に残っている、不幸な世代の一人。それにしてもこの新聞は！

3月1日（第731号）

◇新春の集いの会場で、受付から、引揚船宗谷のことを尋ねる方が見えたのでと、私への紹介があってお会いした。敷波久富さんという方で、たまたまグランドヒルでの戦友会に来られ、〈樺太〉の二文字がなつかしく声を掛けられた由。

◇私の方は、たまたま二日前、『特務艦「宗谷」の昭和史』を執筆された大野芳さんが樺連に見えて、三時間半ほど、私の引き揚げ体験などをインタビューされた後であったので、〈宗谷〉の符合に驚きながら、その本の紹介をお約束してお帰りいただいた。

◇資料をお送りして、先日敷波さんからお便りを頂戴した。氏は、前橋の予備士官学校から入隊、復員後、第一復員省に入られ、南支からの復員船に乗られてから、宗谷を主に、白龍丸、徳寿丸で、真岡――函館間の引揚船のお世話をなさったことが判明した。大野さんの本によると、昭和二十二年八月から八回、八二二二人の方々が宗谷で帰国されている。敷波さんをご存じの方もあろうか。

◇樺太からの正規の引揚げ事情については、函館の高橋政二さんに一度お書きいただいたことがあるが、まだまだ記録されるべきことはあると思っている。それにしても、〈樺太〉の二文字が呼ぶ、思いがけない出会い。私の疎開船は宗谷丸であったなあ。

4月1日（第732号）

◇一瞬の黒い浪ですべてが瓦礫と化す、息をのむしかない津浪の猛威を、テレビの前で凝っと見ている。何よりもまず、この未曽有の災害に遭われた方々に、心からお見舞いを申し上げる。生命の行方を思いやりつつ。
◇荒漠そのものの住宅地の跡を見続けていると、戦後すぐの東京の焼野原に茫然とした記憶が甦る。その違いは、津浪の跡に人影が無い。声の消えた無人の荒土の冷えて無惨な感じが、映像からうかがえる。再建には、気の遠くなる営みの堆積が必要となろう。
◇一方、抗いようのない大自然の力が生んだとは言え、東京電力の無計画停電にはあきれる。暫定地域別停電とでも言うべきであろう。浪が浚った道路や建物や乗物こそインフラかと思う眼に、すべてを掌る電力のこの混迷に接していると、インフラは何より人間力であり、人間の柔軟な智恵こそ力と、改めて思う。
◇すべてが消えた光景を前に、独り立ち尽くす少年の映像を見ていると、敗戦後、突然疎開を親から言われて、わずか三十時間ほどで樺太を去った自分を思い出す。有無を言わさず私を生地から浚ったのは、何の力か。
◇天災であれ人災であれ、人生に悲運はある。映像の彼方の、私と同じ十四歳の少年に向かって、人生は所与、たくましく自立せよとエールを送る。

5月1日（第733号）

◇四月は残酷な月。〈現代は荒地〉と書いたイギリスの詩人T・S・エリオットの詩の一行である。教職にあった頃は、激務の月だから、いつも〈五月にならば〉と書いた。五月は確実に訪れても、思い通りになるとは限らないので〈なれば〉ではない。東北の被災地の皆さんにとって、出来れば〈五月になれば〉といえる状況が訪れてくれればと、祈る思いである。〈百億円寄付〉の記事の傍らに、一杯のラーメンで微笑んでる少女の写真が並ぶと、やはりどこかで〈ならば〉かと。少しでも早く実質の春が、皆さんの許にと願う。
◇地震の翌日の都内の状況を〈帰宅難民〉と書くのに苛立った。〈難民〉と言ってほしくない、と。疎開して寄留した親戚の家は三ヶ月で出て、郊外の中島飛行機の工員アパートの一室へ。母が重症の肋膜で寝て、妹五人と病人の面倒を一人で見た宇都宮の十五歳の冬。過労と栄養失調でダウンして休学。父が帰国して初めてバラックの市営住宅に移ったら、キャサリン台風で裏の田川が増水。天井まで水浸し。何もなくなった昭和二十二年の秋。翌年、やっと父の就職で函館へ。
◇樺太引揚げ者はみなこんな状態であったはず。今回の被災者の皆さんも、ぜひ命あっての未来だと信じて、健康に留意して、たくましくあれ、と祈る。

6月1日（第734号）

◇放射能が降っています。静かな夜です。——詩人の和合亮一の一行である。天空に領土権は在っても、大気に境界が無い以上、いま、私のみつめる夜の冷気の中を、静かに降る放射能は私に見えない。私に、それを見極める眼は無い。
◇五十年ほど前に、初めて東京に住んで、東京という都会には夜が無いことを知った。〈痴漢に注意〉の立看の多さは、逆に、闇が無いことの証でもあった。都市に灯りは必要なのか。三十年前、初めて訪れた北ドイツのハンブルクの街中は、夜は夜が在った。

◇樺太の豊原時代、電機器具は何あったかなと、小学校時代の友人が札幌から問いかけてきた。二股ソケットしか思い出せないと笑い合った。ラジオな、アイロンは炭火だったな、と。

◇豊原に共に住んだ何人もの友人に問い合わせて、驚いた。電熱器もあったし、トースターも、それより何より電気自動車に乗っていた人が近くに居た、と。そう言えば、自転車の前に角型の電池はあった。そう言えば電気スタンドもあった。植民都市豊原の生活文化は、進んでいたことになる。

◇そう思い出す一方で、軍川の牧草刈り動員で、深夜、厠へゆく森への道のまっ暗闇は忘れない。怖がる友人によく連れ添ったが、なぜか闇の静けさが好きだった。懐しい。

7月1日（第735号）

◇NHKのBSでカムチャッカ半島の火山探究の番組をぼんやり見ている。火山の溶岩流の壮大な火の河を見ていると、人体の血流と等しい生命を感じ、大地も生きているという実感が私を衝きあげてくる。

◇不思議なことも教えられた。大量の溶岩によって一面の不毛の山容となる、火山の裾野の風景と共に、火山灰の降る年は、ジャガイモは豊作だし、イチゴは大きくおいしいと喜ぶ農民の姿たち。だからどうというのでは無いけれど、私たちが生存の基盤としている地球という大自然には、こうして生と死が一体化しているということを実感する。
◇ヤナギランが映し出されてなつかしかった。火山で焼き尽くされた不毛の大地に、まっ先に咲く花だと。そして冬の到来と共にサッと消えて、また春になると異なる地点に花を開くと。根が長いと今日のルポは報告している。
◇荒澤勝太郎が『樺太文学史』の中で〈群生しつつ二、三年するといつか人目から消えて、また何処かで繁殖する〉と書く。私はかつてこの花の習性に、国の領分を転々するサハリン島を重ね、住者の移動を考え合わせていたもの。
◇火山灰ならぬシーベルトという名の数値の風が日本列島に降っている。スエーデンの物理学者シーベルトさんよ、と呟く。

8月1日（第736号）

◇一昨年あたりから〈オ墓イリマセンカ〉の電話が多くかかるようになっている。〈何度死ンダラ良イノカ〉などと答えながら、否応無しに死を考えさせられる。
◇日本の古代は、人間が死ねば、風葬、水葬、土葬といった、自然に還す風習で死を弔らった。火葬が中国から伝わったのは、『万葉集』が作られた頃。千二百年ほど昔。目前で一気に肉体が消え失せ骨と化す風景は、当時の人々の死に対する考え方を大きく変えている。
◇十年ほど前、引揚げ後、お世話になった母方の本家の当主が亡くなり、敷地内の墓地に、遺棺ごと埋める土葬で驚かされた。栃木県宇都宮市の郊外である。そう言えば、三十年ほど前、長野県小諸の郊外の山麓で、夜、生徒たちと肝試しをしていて、ズボズボ足が埋まり、後で民宿の主人から土葬の後と聴いて、魂消たことを思い出す。
◇東北の大津波の後の、遺体処理にかかわるレポートが、多く目に触れるようになる。自衛隊や消防・警察に携わる方々のご苦労を、他人事には出来ない。さまざまな理由で報道規制があり、マスメディアに載ることがない。課題だろう。
◇火葬が間に合わず土葬になっていた、と。そこは墓地なのだろうか。消えゆく一条の煙に人の死をみつめる習慣もなくなった現代。こころから合掌！

9月1日（第737号）

◇重く暑苦しい夏が続く。あの地震や津波がいつのまにか〈東日本〉になり、〈日本はひとつ〉〈がんばれ日本〉と、大東亜戦争時のスローガンと等しい標語が、小田急のロマンスカーの車体にまで登場して驚く。
◇節電に怯えて買い占めに狂奔した東京もる。そして、名勝・陸前高田松原の松が、京〈ひとつ〉の中に入って、〈東北〉が消えてい都「五山の送り火」から拒まれている。簡単に〈ひとつ〉と言うべきではなかろう。
◇丸山さんに豊原の駅弁について書いてもらった。大泊と豊原に住んで樺太を旅したことが無いままに、私は樺太を去っている。豊原に駅弁があったことを知る由も無い。ただ父の旅の土産に我が家の駅弁はあり、家族の食卓は、瞬時にお祭りになる。さまざまの食材を、ほんの少しでも味わっては、旅をした思いになる。
◇十年ほど前、京王デパートの駅弁大会で知取の駅弁を再現し、マスコミが樺太の駅弁と称して取材されたことがある。でも駅弁は、その土地の食材でその季節に合わせて造るからこそ、舌に駅弁の味がするもの。無い樺太の味は無い。
◇〈駅弁〉というものがあるのではない。その土地の味があるから駅弁はある。被災は東北の方々である。〈東北〉を〈東北〉として重視する日本になることを願っている。

10月1日（第738号）

◇「**九・11**」、そして「**三・11**」。一体、歴史の舞台廻しは誰だろう。昭和二十年**八月十一日**を『樺太年表』で調べてみる。〈ソ連軍、上敷香・内路・塔路・恵須取等を空襲（各地に火災発生し、住民の死傷者続出）〉とある。「**八・11**」を胸に刻む人も会員にはあろう。
◇今日は**八月二十二日**。昭和二十年のこの日、樺太では、早朝四時頃、緊急疎開者を乗せた小笠原丸ら三船がソ連潜水艦の魚雷攻撃を受け、一七〇〇余名の方々が命を奪われている。そしてこの日、十二時十分、知取で、日本・ソ連双方の現地軍責任者によって停戦協定が成立。その二十分後に、ソ連軍機による豊原駅周辺の空爆があり、百人余の死者と四百余棟が焼失する。島民の我々にとって忘れえぬ一日である。「**八・22**」
◇実はちょうど一年前の**八月二十二日**、沖縄の那覇から九州に向かった学童疎開船の対馬丸が、米潜水艦の攻撃を受けて沈没。夜十時二十三分頃、十本の魚雷で一四一八名が運命を共にし、そのうち七七五名が学童であった。生存者二八〇名、うち学童は五九名。

◇対馬丸で助かった人々はそれからが戦いであった。決してこのことは話してはならぬと憲兵が付きまとう箝口令。〈もらしたら軍法会議にかけて死刑にしてやる〉と。北と南の疎開船の「**八・22**」である。

11月1日（第739号）

◇杉村孝雄さんが亡くなっていたことを、札幌の友人から知らされた。昔の職場の退職者の会の通信で知ったと。杉村さんにふさわしく、静かに音も無く今日の日常から去って行かれた。もう二か月が経っている。

◇樺太を書く本は、自分史を除けば大方目を通してきた。その中で、日本とロシアの政治や戦争の泥々を問わず、ひたすら、樺太時代の日々の資料を探索し、生地樺太の生活文化に広範な目配りをしながら文章をものし、二冊の書物にして刊行、私を瞠目させたのが杉村さんだった。

◇札幌で一度だけお会いし、二時間ほど親しく語り合い、その時の二人の出会いの成果が、二〇〇六年の五月号に私が書いた「豊原で、登別温泉に浸った人は居ませんか？」であった。心から喜こんで下さって、以後、「情報」が出る度に、感想を寄せて戴いた。それが途切れたのは、昨年の暮れからだったろうか。

◇杉村さんは市井の学者であった。腰の低い穏やかな方であったが、樺太を問い調査し文章化する学究の筆は、厳しいプロの仕事であった。「点心」にも寄稿された。何よりもその樺太を資料で読み、後世に書き残そうという愛郷の思いの深さは、並大抵のものではなかった。奥に厳しいものがあった。大切な友を喪った。心から悼！

12月1日（第740号）

◇「週刊朝日」十一月十八日号に「**樺太に生きて　残留日本人の現在**」と題する記事が、カラー写真入りで五ページに渡って載った。ユジノに住む荒木利子さんを紹介している。83歳。

◇終戦時16歳。近所のタタール人と恋愛中で、家族は日本に戻ったが生地に残り、ロシア国籍を得て子供二人、孫六人、ひ孫一人と住む。日本人の意識は変わらないが、日本へ戻ろうとは思わなかった由。今も西村京太郎を読むユソポアさん。

◇国語の教師をしていたから、この記事の文題の日本語が気になる。〈に〉という助詞は場所を示すから、正しくは〈サハリンに〉だろう。書き手はおそらく、〈サハリンにあって、日本時代の樺太を忘れず生きている人〉のつもりだろうか。とすると正しくは、〈「**樺太」を生きて**〉と、カギカッコもつけるべきである。

◇〈残留日本人〉も気になる。全体が移住したから残留だという認識。でも、ソ連軍の進攻で私たちはみな一刻も早く日本に帰国しようとした。だから、移住させられた。つまり緊急疎開や正規引揚げの私たちの方が、心を樺太に残留させていて、〈樺太返せ〉と。
◇日本人だから日本に住むのが当然というもの言いは、グローバル化した今日の一般情勢では、特異すぎると私は思う。〈残留〉の語に本来悲想は無い。

＊…………………２０１２年

1月1日（第741号）

◇NHKのテレビスペシャルドラマ「坂の上の雲」が話題である。日露戦争なあ、と私は思う。

◇日露戦争の終わりはポーツマスの講和である。この会議が十七回に及ぶ難航状態になった原因の一つに、サハリン島の分譲があったことは周知の事実である。それなのに、靖国神社遊就館内の日露戦争大パノラマが、日本海海戦で完結していて、樺太の軍事占領に触れることは一言も無い。我が生地樺太は、**坂の下**の茶店に置き忘れられた、食べさしのお結びのようなものか。

◇この程、北海道大学出版会から、『日露戦争とサハリン島』が刊行された。編著者の原暉之氏や板橋正樹氏、天野尚樹氏によって、日露戦争末期の樺太攻略戦の戦況の実態と、この戦闘に遭遇したサハリン島島民の苦境とが、日・露双方の当時の史料の渉猟によって詳細に調べられ、樺太の領土化が初めて歴史学によって記録された。従来の日本歴史書の概説書がいかに空虚な絵空事であったかが、明らかになる。

◇忘れられた樺太とよく言われる。記憶の無い人に、また知らない人に忘却はない。歴史が歴史を消してきたと、樺太を調べてゆくと教えられてきた。

◇津波に襲われたフクシマの人々を心に、迎える新しい年。記録することをと、私は思う。

2月1日（第742号）

◇東京の冬は骨身に応える。湿気が肌に張り付くのか。何より雪のない冬は、なぜか淋しい。札幌の友人たちには叱られるのだが、雪恋しもまた本音である。
◇雪と共に冬は、ストーブを思い出す。夜寝る時は、居間の福禄ストーブに石炭をびっしり詰めて、蓋の小窓も閉めて寝る。朝、蒲団の首のあたりは息が凍りつくように寒く冷たくなっている。起きたらまずストーブの前に坐り、デレッキをもってロストルをガタガタ揺らして灰を落とし、しばらくするとゴーっと燃えてくる。そこに石炭を足す。
◇ストーブと言えば、普段は誰も居ない畳の座敷の真中に薪ストーブがあった。友だちと旭岳のスキー遊びをし、両手足の先が白く変色して凍傷だと母親が言い、メンソレータムを一杯塗って、広い座敷の火の無いストーブのそばに二時間以上坐らせられていたことを覚えている。薪をくべないストーブの、あのブリキ？の黒々とした冷えた肌が、全身をじーんと凍えさせるのを、身を固くして蹲っていたものである。
◇ストーブの思い出は、煙突掃除へゆく。畳の上に古い新聞を敷きつめ、父とコンビで家の内外にあって、太く長い針金の先の煤払いを操り、曲がりのところで苦労する。煙突を外し新聞紙をまるめて詰める。はずれて煤だらけ。

3月1日（第743号）

◇前号「樺太点心」池田裕子さんの、私立大泊女学校創設という樺太の女子教育の紹介は興味深かった。一九〇九年は明治四十二年。大泊中学の創設が明治四十五年。樺太占領が明治三十八年とすると、実に素早い対応である。

◇こうした動きの背景には、開拓次官黒田清隆やケプロンの果たした開拓精神の涵養もあったろうか。明治五年、東京芝増上寺内に創設された開拓使仮学校併設の官立女学校。すぐれた開拓者育成のために、開拓への意欲と教養を持つ良妻賢母の育成が目標とされた。

◇卒業後の北海道への永住、北海道在籍者との結婚などが条件とされて、定員五十名。この仮学校は、明治八年札幌に移され、翌年廃校となるが、当時三十六名が在籍したとある。

◇大文字の樺太開拓や樺太史の紙面では、女性の位置が表立たない。しかし、敗戦時を考えてみよう。出征にしろ炭鉱夫の内地派遣にしろ、樺太の急激な母子家庭化は深刻であった。樺太に限らず〈引揚げ〉は女性問題と指摘したのは、歴史学者の成田龍一氏である。

◇真岡九人の乙女や、大平炭鉱看護婦さんらの自決。いずれも女性の悲劇で語られる樺太の戦史。一昨年七一九号に、『望郷樺太』刊行を記した函館の吉田幸子さんの一文を思い出す。樺太女性史もまた—。

4月1日（第744号）

◇萩原朔太郎という詩人の不思議な掌篇に「猫町」という作品がある。ある時道に迷って彷徨し、ふと気付くと、夢のような美しい街を歩いていることを知る。舗石はしっとりと濡れ、珈琲店の軒の花樹が茂り、煙草屋の娘は杏のように可憐であった。影絵のようだと思った瞬間に、それが近所の詰まらない街の風景と気付く。方位を見喪って、いつもと反対に歩いていたからだと思い知る。視線の転換の不思議を書いていて、心を惹かれる。
◇今月号で紹介する豊原の職業別明細図。実はこの一覧の裏が大きな市街図になっていて、それぞれの場所が確かめられる仕組みになっている。官舎育ちで街中をほとんど知らない私でも、地図や店名を辿っていると思い出すことは多い。
◇言えば漢方のお店だったろう。細長い瓶の中に、かっと口を開けた蝮が一匹、まだ見ぬ世界に誘うかのように、私をじっと見詰めている店があった。恐ろしさと、にもかかわらず、射すくめられたようにわざわざそこを通った記憶。
◇点が線になり、線が面になって、あったかもしれぬ心の地図を、この明細一覧が私に強いる。懐かしい故郷。事実かどうかが問題ではない。見えてしまう風景の中に、もはや無い私の故郷が存在する。友と住んだ街。ああ豊原。

5月1日（第745号）

◇「豊原市職業別明細図」をどう読まれたろうか。長い間心にあたためていた企画の一つである。
◇平凡に学問社会を生きて書物に埋もれてき

た人間からすると、『樺連情報』全紙を読み通して首傾げてきたことの一つに、〈樺太返せ〉は繰返されるが、その〈樺太〉がほとんど紹介されずにきたことがある。私の生まれた大泊や樺太の中心都市豊原が、どのような街であり、また札幌や小樽などと比べて、どこが似てどこが違うのか、記されたことが無い。歴史が無い。

◇先月号に紹介した明細図の翌昭和十四年に、豊原市には樺太師範学校、公立豊原商業学校、樺師付属小学校が創設、十五年樺太庁工業学校、十八年には樺太医専が誕生している。樺太庁が置かれ、官幣大社樺太神社、刑務所、博物館、裁判所、気象台、放送局、そして連隊区司令部。郊外には競馬場、飛行場もあった。

日本全国で、この僅か四万人ほどの街に、これほど充実した施設をもつ所が、ほかにあったかどうか。

◇外地であり、内地であった樺太である。北海道のように、屯田兵に始まる開拓地ではなく、元はヨーロッパの文化生活が営まれていたロシア領であったことを知ろう。日露戦争時の樺太占領で焼かれたコルサコフ市の、洒落たガス燈の街並みが写真にある。

6月1日（第746号）

◇前号に、樺太と北海道とでは、開拓の質が異なると記したことを補足する。

◇樺太は、明治八年以後、日本人が独占する漁業の島であった。年間七、八千人のヤン衆が出稼ぎしたとは言え、常住は、二百人に満たない越年番人の島でもあった。日露戦争で全員追放されたから、その勝利が初めて島民を誕生させたことになる。私が「情報」六七七号から四回に渡って「樺太渡島事始め」で書いた通りである。どんな人たちであったか、確認しよう。

◇明治四十五年樺太長官官房が編纂した『樺太施政沿革』収録、明治三十八年八月二十一日調査の「来島者職業別」の項は、こう記す。

漁業25・荒物雑貨23・商業視察6・醤油味噌製造3・大工30・会社員9・旅人宿料理店6・廻漕業5・米穀商15・酒造業4・土木建築15・木材販売1・雑貨7・理髪店5・菓子職5・湯屋3・牧畜業3

◇外務省編纂の『日本外交文書、日露戦争Ⅲ』収録の、明治三十八年十二月二十八日調の、この年の越年者一九九〇名の職業欄には、こんな職の人たちもいる。

写真業・理髪業・洗濯業・質屋・湯屋業・印刷業・代書業・新聞通信員・僧侶・点燈夫

夢の実行者たちである。国境を背に、樺太は、どのように文化を花開かせていったのだろう。

7月1日（第747号）

◇六月は梅雨の季節。樺太生まれの肌は、いつになっても馴染まない。すべてを腐らすものを降らす天を憎むと、よく呟いたもの。

◇とは言え、六月は紫陽花《あじさい》の季節。多彩に変化する花火のような花弁の粧い。そして風の通りさえ拒否するような群生。あのこんもりとして深々と隠《こも》る緑のくぐもりは、見透かせない人の心の内を思わせ、否応なく私を立ち停まらせる。ただ、北国にこの密集はない。

◇蛞蝓《なめくじ》は樺太にもいたと言う。でも、豊原という吹きさらしの乾いた都市に、居場所が在ったというのか。紫陽花の花群はまた、この蛞蝓のあのぬめりの姿を思い出させる。そしてあの虫の触感は、いまだに北の肌の乾燥に恐怖となる。

蛞蝓を見たからといひ手を洗ふ　　田口　武

◇でも、六月は嫌いでない。大正を代表する象徴詩人大手拓次は、こんな風に記す。

緑の脚をした風

かぜは　みどりのあしをして、
こころのかげに　おとづれるのです。
にほひもない風は
みをかくして、
しのびしのびに　うたひつづけるのです。

◇ただ樺太の六月。冬が明けて夏が訪れる間の季節。あれは春か。ぐちゃくちゃで泥だらけの野を長靴で走りまわったのが、この六月だったか。遠い。

8月1日（第748号）

◇今日、七月十一日の朝、東京世田谷の路上に佇って白い月を見た。晴れ渡って澄み透る珍しい空合に、半円の白い月は、実に謐やかに上品に、うっすらとした姿で懸かっていた。バス停で隣に待つご婦人と、初メテ見マスと互いに確かめて。

◇ナンデ、アノ遠イ月ニ人間ハ行ッテミヨウト思ウノデショウネ、とそのご婦人はつぶやき、アンナトコロニ出カケテシマッタカラ、人々ノココロニ遥ケサヲ想ウ心ガナクナッテシマッタノデスヨネ、と私。

◇定年ま近か、高校や大学の国語教室で『古今和歌集』などの相聞の歌種《うたぐさ》を語りながら、若者たちの眼の中に、遠さをはかる想いの深さが欠けていることにさびしさを感じていたものだ。

◇思いついて、樺連の書棚から『樺太歳時記』をとり出し、樺太の月を詠む歌俳を追ってみたが、三十に満たなかった。少し引こう。

朝の月かかれる樺の霧氷かな　凍子

昼の月かそかにかかり番所跡に

千島風露の花あふれたり　誉見

動物や鳥と取り合わせた旬の多い中、やはりこういう句が樺太なのだろう。

氷海に傾く月のおそろしや　樺雪

海凍てて月の光のさだまりぬ　雨閣

◇私の心に、樺太の月のイメージは薄い。思い出せない遠さばかり。

9月1日（第749号）

◇八月になる。耐えられない暑さと共に、十四歳の夏、緊急疎開で立ち去った生地樺太のことをやはり思う。

◇新潟で移動展が開かれると聴いて、以前買い求めていた一書『つながる日本海―新しい環日本海文明圏を築くために』(現在企画室刊)を書棚から引き出し、読み直して面白かった。

◇なぜ新潟に関心を持ったかというと、たとえば拉致の新潟に、万景峰号が入港したという現実。今日の尖閣や竹島の境界への関心度が当時あったら、拉致は起きていないということ。つまり、閉ざされていることと開かれていることとはシノニム、同義語。そういう窓の位置にあるのが、新潟という街でもある。

◇樺太への移住民の流れは二つあると私は見ている。東北から北海道を経て樺太へというルートと、かつて裏日本と称された日本海沿岸地方からの樺太渡島者のルートと。そして、後者の人達の中には、土地・財産を売って夢に溢れた一族が結構いたということ。そこに北前船の文化伝統を思うのはごく自然であろう。

◇先年亡くなった作家小松左京の小文に「逆さに地図を眺めてみよう」がある。日本海は内海になる。ロシアと姉妹都市を結ぶ都市は格段に多い。ロシアが兄弟都市と言うのも面白い。移動展を機会に、新潟から樺太を考えては。

10月1日（第750号）

◇樺太の文化を記録する華やかな話題の一つ、**昭和十九年**の夏に行われた、宝塚少女歌劇団樺太公演の模様を紹介しておこう。

◇所在のない「樺太新聞」の、当時の切抜きと思われる記事は、こう記す。

〈〃産業戦士よ有難う〃と樺太商工経済協議会と共催で宝塚少女歌劇団一行二十三名を招聘して重点産業関係の中小工場、輸送に敢闘する産業戦士に、感謝慰問と激励を兼ねる移動演劇の公演を左の日程で催すことになった。〉

◇実施された公演日程は、次の通りであった。

八月九日　豊原市　王子製紙工場
十一日　真岡町　舞香座
十二日　豊原市　豊原第二国民学校
十四日　敷香町　敷香劇場　一日二回公演
十六日　大泊町　大泊劇場

スタッフは四名、出演者の雪組生徒は、総勢十六人。民間の人々が対象であったと記す。演目は「棒しばり」「越後獅子」などの舞踊集が中心であった。

◇往復の稚泊連絡船は、船の発着時刻の公表もなく、全員救命具を装備させられ、特に帰りの宗谷丸は、敵の潜水艦に追われ、生きた心地がしなかった旅と記す。

◇雪組生徒の中に、真岡の小森酒造の長女、芸名千代田明子さんが居られた由。真岡会小森良彦さんからの情報提供である。

11月1日（第751号）

◇密約――秘密の約束、秘密の条約。秘密は秘密であることに価値がある。守る立場が勝者、事を知らされない立場が敗者。そこに駆け引きが生じる。

◇策戦に基づく戦略は、本来秘密である。如何にしてその秘を暴くか。その情報の獲得力にもよる。密約を密約と語るのは、主に敗者の視点だろう。

◇「ヤルタの密約」がある。はたして日本の大本営は、あの〈ドイツ降伏後三ヶ月でソ連は対日参戦する〉なる情報を、全く知らなかったのか。それほど情報の取得能力を欠く、粗末な外交国家であったというのか。その謎がやっと晴れた。

◇この八月末『消えたヤルタ密約緊急電―

情報士官小野寺信の孤独な戦い』（新潮選書）が刊行された。筆者は、産経新聞編集委員の岡部伸。ヤルタの会談直後に、あの機密情報を密かに入手し、日本の参謀本部に打電したのは当時、帝国陸軍のストックホルム駐在武官の小野寺信少将である。この世紀のスクープの暗号電報が、秘密文書として英国公立文書館に保存されているのを岡氏が見付けたのだ。この情報を内々に消したのは、大本営策戦参謀の瀬島龍三であると岡氏は記す。

◇四五〇ページをこえる大著だが、必読だろう。クラスノヤルスク合意は、未だ闇の中。日ロの駆引きは続いている。

12月1日（第752号）

◇上林さんの事細かな緊急疎開の描写に触れていると、〈樺太引揚げ〉の多様性と独自性とを思わずにはいられない。「内地からの引揚げ」という、史上稀な出来事であったから。

◇上林さんや私自身の**疎開**については、昨年の四月号七三二号で詳しく伝えてある。『樺太終戦史』によれば、大泊、本斗、真岡三港から延べ二百隻が動員されて、樺太庁地方課長で後に樺連常務をされた金子利信氏の推計によると、**疎開者**八万七千六百人、**自力脱出者**二万三千九百五十一人、計十一万一千五百五十一人が、第一陣の引揚者数である。

◇米ソ協定に基づく**正規の引揚げ**は、昭和二十一年十二月五日の函館入港から計二十九万二千五百九十人。この乗船者名簿は正確に記録されて、ユジノの公文書館に保存されている。樺連でお会いする大方の会員の引揚げが、この時である。
◇樺連に来て知ったことの一つに、**敗戦前の退島者**がある。敗戦一年前の八月八日、対ソ和平の条件として、政府が南樺太のソ連への譲渡を決めたことによる、樺太脱出者である。
◇私がいつも思うのは、正規の**引揚者**は、一名残らず記録されていながら、内地からの**疎開者**の名簿は全くなく、人数も推計でしかない。七九〇〇人定員の宗谷丸に、四五〇〇人が乗船したという最終疎開船。

＊…………………2013年

1月1日（第753号）

◇昨日は十二月八日。〈大日本帝国陸軍は……〉のラジオ放送を、茶の間の丸い卓袱台を囲んで正座して聴いた風景は、ほんとうだろうか。わがことだから自分に問いかけるが、ほんとうかどうかわからない。

◇新聞五紙を開いてみるが、この日を扱う記事はごく少ない。「日経」が「文化」欄〈真珠湾攻撃―間に合わなかった最後通告〉を載せ、「朝日」が「天声人語」で、戦時中の標語を取りあげ、〈思えば、標語の技には進歩がない〉と書いて、目前の選挙を問う。

◇今日は朝から、ＮＨＫ・ＦＭでフィッシャー・ディスカウの懐かしい「冬の旅」をしみじみ聴く。続いてＮＨＫテレビの日曜美術館で、松本俊介の絵を見る。かつ繊細すぎる叙情性に異和を覚えていた自分の眼に、松本は、暗く分厚いタブローの存在で戦争を重く甦らせてくれる。「冬の旅」の思いがけないさわやかさと共に、私自身の心の風景の変化を感じさせられている。

◇かつて、五十七年ぶりに訪れてみた生地大泊の段丘の変化。多感を育ててくれた豊原のマンションの乱立。そこに私の居場所は無い。いま吹く風は樺太なのか、サハリンなのか。風に時間はあるのか。風景が記憶である以上、そこに時間はある。変わらなく茂る一本の草に、樺太の少年を思い描いたあの旅。

2月1日（第754号）

◇先月、九州大学のアイヌ民族の研究者加藤絢子さんから、樺太アイヌの国籍・民籍の変容の話を聴き、心の中で、樺太引揚者の戸籍のことを考えていた。
◇その話をしたら、辻常務理事が、樺太に本籍を移していたために、引揚げてから、戸籍を認めてもらったのが昭和二十九年、一九五四年。それまで戸籍が無かった。そういう人は結構居たはずという話をした。
◇元常務理事で、今なお健在でおられる木匠顕一さんからの話を思い出す。木匠さんのご母堂と妹さんは、小笠原丸で亡くなっている。しかし、その証明が出来ないために、毎年厚生省から問い合わせがあり、対応していたにもかかわらず、除籍は家裁で十年かかったと。
◇平成十九年の「北方領土返還要求全国大会」での、一人の島民の話は忘れられない。大会の前の恒例のトークに、島民代表で出られた新井秀子さんが、こういうことを話された。〈私たち戦後の千島生れが、来年四月一日の法改正で、やっと島民になれます〉と。一九四五年二月十六日以降、最後の引揚げまでに島で生まれた人たちは、これまで島の戸籍を認めてもらえなく、色丹島で生まれた母のために私が運動してきて、六十年経つ、と。やっと、と。
◇〈固有の領土〉という言葉を耳にするたびに、国家はなあと思う。

3月1日（第755号）

◇昔、学校の生徒であった頃、「歴史」は年次、天皇、事件、戦争を暗記する教科書という本だった。戦後は学問を通して、イデオロギーと民衆を中心としての概念史、運動史で歴史を学んだ覚えがある。〈思想史〉という言葉も知ってゆく。

◇教師となって社会を学ぶうちに、「歴史」は国民である一人一人の〈私〉の歩みこそが大事だと思うようになり、無名の職人の生き方を記す書物を多く読み、生徒諸君と共に、学校を生き自分たちの足跡を書きとめることを意識してゆく。

◇先日届いた須田政美さんの書いた『私の樺太・サハリンの記』を再読し、思いついて、野添憲治の『樺太の出稼ぎ〈林業編〉』のページを繰ってみた。そして、王子製紙が樺太に果たした役割、そこから見えるわが樺太はどうなるか、という思いが湧く。

◇樺連の書棚などでかつて、『王子製紙社史』は一読しているが、これは樺太史ではない。王子九工場の設計図が一枚も残っていないことを、王子の紙の博物館で確かめ、ひどく残念に思ったことがある。

◇十年心に抱いていた「樺太長官物語」を、やっとスタートさせた。山名俊介、鈴木仁両氏の協力を得て。リーダーの歴史もまた、当然歴史である。彼ら長官たちが樺太に描いた夢は何だったのだろう。

4月1日（第756号）

◇北海道神社庁刊『樺太の神社』が届いた。八五〇ページの大著。分量だけでなく、学問的にも目配りの利いた素晴らしい内容で、樺太を記す貴重な歴史的資料といえる。大変な労作である。
◇樺太に二七七の神社があったということにまず驚く。江戸時代の弁天社から始めて、旧日本領樺太を俯瞰する二万五千分の一の地図上に記す鳥居のマークをすべてフォローした結果とある。
◇教義の無い神道は、まず神社を建て、人々を祭祀に参列させることで広められた。戦時中は国家神道としての政治的意図ももちろんあったろうが、松浦武四郎時代から江戸末期までに、三一社の記録があったとは。人々の心の寄り処としての神社の役割と樺太の発展との関係を、改めて見直す必要はあろう。
◇一冊一万円の大著については、編集に当たった現神社新報社の前田孝和さんに文を書いて戴く予定であるが、敗戦時、そして戦後の樺太の状況が、神社庁の立場で詳細に記述され、また、ソ連側の資料の翻訳、さらに市街地図や写真も載り、最上の配慮がなされた好著である。
◇十年前、樺太の天理教布教に当たった父君のことを書きたいと手紙を下さった方があったが、直後訃報が届く。仏教布教の歴史も含め、まだまだ記録すべきことは多い。

5月1日（第757号）

◇MLBダルビッシュの今季初先発の快投を見た。九回二死27人目に打たれて完全試合を逃す。翌朝の「天声人語」は、唐の詩人于武《うぶ》陵《りょう》の有名な一節、〈花発《ひら》けば風雨多し／人生別離足る〉を引き、散り急ぐ花の定めを書く。

〈サヨナラだけが人生だ〉としても、ダルビッシュよ、立派！と。

◇いよいよ花の季節が来る。十五年前、樺連に初めて顔を出した頃に刊行され、いつも目に入る家の書棚に置かれる一冊『サハリンの蝶』を手にとる。蝶の本だからたくさんの花々がカラーで一つ一つ紹介されて、知る花知らぬ花、とりどりの花の樺太を思い見て楽しい。

◇豊原の官舎育ちで、刑務所前の広い野原で終始遊んでいた少年時代。荒地に咲く盆花《ぼんばな》は知らない。ハマナスも記憶にない。**蛇の枕**の毒々しさや、エゾカンゾウが風に揺れる凛とした姿、蹲まるロスケタンポポ。でも妙になつかしいのは、白や赤紫の道端の野を埋めるツメ草。小さい花弁をむしってチュウチュウ吸った。〈水芭蕉〉は知らない。

◇正直、この一冊の花々はほとんど知らない。でも、見てきたような思いになる。これが生地樺太の花だよ、と。スズランをインク瓶に差して、一筋の濃紺や赤の花芯の姿に、花の命をみつめていたのはいつだろう。

◇花は散る。やがて甦る。なつかしいこと。

6月1日（第758号）

◇このコラムを書き出してからもう十年は越えたろう。五二八字、下書きもせずピタリ四四行で収める仕事は、ぐい飲みで熱燗を一杯クイッと呷《あお》る、そんな感じで、物書きの快感でもある。

◇しかし一方で、届いていない手紙を物陰で一人読む秘め事の愉しみもあり、どこか未熟な果実の酸っぱさも伴う。書き始めにこれかあと思いつつ、明日の昨日を思い見るのも面白い。

◇六月になる。母校で樺太を語る仕事のために、樺連書棚の中の町史や村史を探して読んでいる。小能登呂や深海は立派な一冊、富内村皆岸のコピー。鵜城にしろ本斗にしろ宗仁にしろ、共通しているのは、樺太に辿りついた人たちの並々ならぬ苦労と熱意と努力と。こうして樺太は樺太になって行ったのだと。

◇先に「情報725号」で紹介したように、初の豊原、大泊、真岡の順で都市が誕生し、教育熱心な親たちの学校造りが記録されている。またそこでどのような教育がなされたかは、資料も少なく学校史も無い。稚内北星学園大学の池田裕子さんの研究に期待しながら、自らの体験を語ることでまずは歴史の一助にしようと。

◇六月は緑の季節。樺太で蓬《よもぎ》餅をついて食べたのは何月か。ベコ餅も楽しみだった。ただ思い出も遠くなる。今日がすぐ昨日になる。少しでも記録を。

7月1日（第759号）

◇〈汽車〉という言葉の響が、まだ私の心の中に懐かしく蹲っている。賢治の銀河鉄道ならずとも、時々ふいと、シベリア鉄道なぁと夢見る。一度は乗ってみたい。でも汽車は無いか。

◇樺太時代、まったくといって良いぐらい、汽車に乗ってない。国民学校六年生の時に、妹と父に連れられ東京にも旅した。でも、車窓の思い出が一つも無い。

◇十二年前、五十七年ぶりの島に渡った。賢治の「樺太鉄道」のコピーを手にし、朝まだきの栄浜あたりをあくなく眺めつづけながら、このヤチブキの這い繁る荒野を、なぜ賢治は見てないのかという思いが強かった。時は同じ八月三日だった。
◇未知の人寺門和夫さんの著書『「銀河鉄道の夜」フィールド・ノート』が、山名君を介して届く。賢治考を書く人は皆、理科年表と列車時刻表とが生き写しにダブって見えるのだろう。読みながら、佐藤愛子さんから届いていた、樺太最後の「時刻表」を思い出し、「紙の記念館」としてみた。
◇豊中時代の汽車通の諸君を思い出す。どこか皆、世間ズレがしていて大人の匂いがあった。豊原一校育ちには、毎日の旅する男の匂いに羨望があった。でも当時、旅しよう思いはなぜか湧かなかったように思う。
◇寺門さんの文章を読んでいると、賢治も旅人。私の樺太じゃないな。

8月1日（第760号）

◇前号の「樺太点心」に、〈樺太〉の二文字が無いという声が届いているので、編集者として説明します。
◇もの書きの礼儀として、〈樺太点心〉に樺太を念頭にしないで文章を書くことは、決して無いものです。この一文は、十分樺太の、特に戦後史が根底に見据えられていると、私は読みました。
◇夕張です。樺太の炭鉱で働いていた家族が多く住みついたのが北海道夕張炭鉱です。したがって夕張の町の戦後の盛衰は、樺太引揚げ者の戦後を物語る一つの典型と言えます。美唄で少時を過ごされた齋藤さんの、樺太引揚者への想いは、前に語られてます。
◇常盤もまた、昭和十九年の樺太の炭鉱閉鎖、その結果として多勢の鉱夫の方々が送られたのが、九州と常盤でした。常盤炭鉱の名に思いを馳せる方も、樺太引揚者の中に多いでしょう。終戦間際の炭鉱街はほとんど母子家庭の状況でした。
◇東日本大震災が私などにも突きつけるのは、決して未曾有は無いということです。何ごともありうることに対して国はどうするか。共に考えてこそ、〈樺太〉は体験として生きてくると思って読んでます。
◇今号から、事務局判断で印刷所が、ソーラン社が主に担当し、関崎協信社と併用する形になりました。ご報告です。

9月1日（第761号）

◇十五年前、請われて編集に携わった頃、〈カバフト〉はまちがいと書く原稿に時々出合った。日露戦争末期の樺太への軍事占領を調べて、当時の北海道三大紙で知ったのは、内地発の記事は〈カラフト〉のルビ、北海道の記事はすべて〈カバフト〉。樺太に渡島した人のほとんどが北海道人であったから、当時は〈カバフト〉が大勢であった。
◇昭和十二年頃か。樺太庁が〈カラフト〉と決めて学校教育で普及徹底したことから、私たち世代は、誰もが〈カラフト〉と。行政の内地化の流れなのだろう。

◇先に、常務の辻力氏が『樺太の方言・俚諺集』をまとめ、貴重な記録でなつかしかった。ただ、樺太は、本来移民の島であるから、住む土地によっても違いがあり、言葉の出自が気になっていた。

◇樺太方言については、樺太時代から調査研究がなされていた記憶があるが、今回紹介した国立国語研究所の報告は、戦後の限定した人々の調査であり、樺太研究とは言えない点があるが、興味をもったのは、樺太の日常語のルーツの特定が、研究の視点で試みられていることだった。

◇東北人が主とは言え、樺太は言葉の上では、日本全国の中でも、最も標準語で日常生活が営まれていた土地であった。内地化が進んでいた樺太。

10月1日（第762号）

◇〈日本の家庭に入った最初のミシンは、ジョン万次郎が母親への土産として持ち帰ったものだ〉一九〇〇年と。〈和服と洋服、つまり和洋のせめぎ合う日本の近代は、ミシンの存在と深くかかわっていた〉。**アンドルー・ゴードン**の書いた『**ミシンと日本の近代**』の書評で、柏木博はそう書く。

◇〈家庭の衣服を縫い、月賦の経済計画をし、ときには内職する「良妻賢母」の姿がミシンに結びつけられた〉とも。先の「豊原市職業別明細図」（744号）に、「日本ミシン株式会社　豊原支店付属洋裁学院」と、「シンガー裁縫機械会社付属洋裁女学院」の二つがあって、前から気になっていた。樺太家庭の近代化は？

◇**『青鞜の冒険　女が集まって雑誌をつくるということ』森まゆみ著**も、昭和五年の共産党事件で捕われた豊原の女給の愛読誌が、「改造」と「中央公論」であったことを思い出すと、一九一一年創刊の平塚らいてうらの活動が、樺太の女性たちに何をもたらしていたというのか。角田光代、田中優子二人の書評を読みながら思う。

◇日曜日の新聞各紙の「書評」がもたらす知の饗宴。もう一冊『**ヒゲの日本近現代史**』**阿部恒久著**も、樺太歴代長官のほとんどが、鼻下にチョビヒゲのあったことと結ぶ。古代はヒゲ文化、戦後はヒゲ受難と。何を読んでも樺太です。

11月1日（第763号）

◇帯広空港からの四十分のバス旅で、私の目を引いたもう一つの風景。一軒の軒下いっぱいの丁寧に積み上げられた薪《まき》。私を一気に子供時代の樺太に引きずりこんでくれた。

◇妹五人という家族の中の一人の男子として、雪の来る前の薪切り、薪割りは、父を手伝っての私の仕事。同じ長さに鋸で切り、鉞《まさかり》で豪快に一気に割り切る爽快さは、十分思い出せる。節や瘤に斧《おの》がくいこんでの悪戦苦闘したことも。

◇アルザスの小さな中世農村に住んだ時、どの家も十月には、軒下にびっしり薪が積んであった。ただそれを土地の人は〈bois《ボア》〉と呼んだ。辞書を引くと〈森〉とある。自然と親しむフランス人と、生活にひきつけて細分化して命名する日本。生活文化の違いを面白いと思っていた。ソ連人は薪を何と呼んでいたのか。
◇雪を前にした樺太での日々で、男の子の私のほかの大きな仕事は、毎年300本は干した大根の縄梯子。朝出して夕方取り入れたのか。毎日一本ずつ手で握って、しなり具合をみていたことが蘇る。白菜と共に漬けたサクサクの大根の漬け物の味も忘れない。
◇障子や襖の張り変えや、畳干し、真綿を広げる重い蒲団の綿入れ、解いた着物の板への糊付けなど。親と共に兄妹総出の年中行事だった。

12月1日（第764号）

◇　窓は夜露に濡れて
　　都すでに遠のく
　　北へ帰る旅人ひとり
　　涙流れてやまず
小林旭の唄う「北帰行」。
　かつて誘われて歌いながら三番、〈さらば祖国愛しき人よ　あすはいずこの町か〉になると、心の中で〈さらば祖国わがふるさとよ　あすは異郷の旅路〉と歌う。
◇「東北学」を創始し、日本大震災復興に努める赤坂憲雄さんが、『北のはやり歌』を出し、「北帰行」「北上夜曲」「浜昼顔」「津軽海峡・冬景色」など十曲の中の〈北〉を問うている。〈心の故郷に焦がれ、さすらいの地をもとめて—昭和歌謡がめざした「北」をめぐる精神史〉と帯にある。そして〈それは、東北だった〉と。
◇大学の寮に居た頃、大連一中から来た先輩から、旅順高等学校寮歌としてこの「北帰行」を教えられ、満州を慕う彼の熱い思いに肩組んでよく歌ったもの。当時私の心に生地への思いは複雑で、ひたすら内に在ったが、どこかでこの〈北〉に樺太をダブラせていたか。
◇小林旭の歌詞は昭和三十六年。「渡り鳥シリーズ」の主人公にふさわしい改作と言える。私にはやはり、原曲の作者宇田博の満州とは異なるが、故郷は異郷であり、さらに言えば赤坂さんと違い、北は樺太になる。〈北〉の語意が含む〈ソムク〉に、かつて詩を書いて拘った。今も——。

(JASRAC(出)2400638-401)

＊……………………２０１４年

１月１日（第７６５号）

◇木匠さんが亡くなられた。九月頃お電話したときには、車で迎えに来る女性だけのデーサービスを楽しみに、毎夕食事の晩酌で生きてますとゆっくり語っておられたのに。何とも淋しい。

◇佐々木清会長時の常務で苦労された由だが、この「情報」の編集もされていて、私が仕事に誘われた時は、先生が主で、もう亡くなった藤上君が居た。都の世田谷区の校長会の世話役を長くされていた方だから〈先生〉とお呼びしていた。

◇特段に座談がお好きでしかも上手。左手の小指を鮮やかに蠢かしながら、北遠古丹の教師に赴任された当時の楽隊送迎の話や、赤紙召集で金沢に行き、雪で一週間遅れたために部隊が出発済み。大金の旅費をもらって旅をしながら帰島した時の話など、何度うかがっても楽しく、同時に貴重な樺太の証言になっていた。

◇登山帽を被り、両手を開くようにゆったりと歩く後姿や、事務室では常に歩巾を小さくチョコチョコと歩くお姿は忘れない。事があると〈ヨキニ計ラエ〉が口癖の先生。しかし、必ずしも目は笑わず、つねに慎重に人を見ていた方。

◇豊原中学十年先輩、そして講習所では父の教え子さんでもあったと。奥様孝行で月命日は必ず墓参りをしておられた。樺太を語る最後の語り部の木匠さん。残念である。　合掌

2月1日（第766号）

◇佐々木文雄さんの報告、敷香高女の校歌がメロディーの形で釧路北陽高校の校歌に受け継がれて残っているという一文は、私には驚きでしたし、〈樺太の記録化〉という大きな命題の、実に見事な文化の形態を示すものとして大拍手でした。

◇東京新聞十一月十九日夕刊トップ記事に、「校歌よ永遠に」と題して、東日本大震災で統合や閉校を余儀なくされた、宮城県石巻市などの小中学校校歌を収録したCDの完成を報じていた。〈心のランドマーク〉とか〈記憶の音楽〉とかの言辞が使われていて、樺太を思っていたところでした。

◇樺太の学校校歌については、合田真一著の『樺太のうた』に収録されていますが楽譜がなく、忘れられてゆく運命にあります。私は十五年前、泊中、豊中、敷中三校の校歌を順に並べて、近代樺太四十年小史を綴った一文を書き、自著『わが内なる樺太』に収録しています。

◇校歌が一学校の愛校心や郷土の帰属意識を賛えるものに限るものではなく、むしろ国民音楽的な史的意義をもつと指摘しているのは、中公新書渡辺裕著『歌う国民—唱歌、校歌、うたごえ』の一書です。

◇かつて「樺太　紙の記念館」の第一回に、〈君と住むなら樺太よ〉全歌詞を記事化しましたが、**樺太のうた**がもっと歌われていいのじゃありませんか。

3月1日（第767号）

◇ソチ五輪が幕をあけた。予告通りの関東の大雪の風景を窓外にして、開会式の壮大なショーをテレビの画面で見ていると、心はどうしても、雪と氷に包まれて生活していた、少年時代の樺太の日々を思い出す。
◇猛吹雪に閉じこめられていつもストーブを囲んで蹲った団欒の時。翌朝、一瞬に明ける快晴のキラキラした透明な外の空気。息も凍える思いでの深呼吸の味。こうした日常の生活があっての祭典だよなあ、と。
◇先日の日本経済新聞文化欄に、樺連理事の原田廣記さんが「明治伝来、一本杖スキー」と題して、スキーを日本に招来したレルヒ顕彰の一文を書かれ、幼稚園大会での優勝の話から始めて、樺太時代を懐しんでおられた。先現在「藻岩レルヒ会」を主催されている。先に「情報」にも「樺太スキー事情」を書かれている。
◇スキーと言えば、大泊のジャンプ台を望む泊中下の官舎で生まれ、四歳には二階の窓から見よう見真似でジャンプを。豊原の旭ヶ丘では、友人たちとストックを翼に仕立てて、ゲレンデを隊列組んで一気に滑り降りた思い出。長靴にウィッツ。谷間にストックを差し込み、新雪が含む水を吸った冷味。透き通る雪の青さの神秘は今も忘れない。
◇大学でアイスホッケー部に属し、以後氷戯生活も少々。樺太生れです。

4月1日（第768号）

◇三年目の「三・11」。TVのどのチャンネルも、回想と追悼の番組で埋まっている。際立つのは、生き残ってしまった思いをもつ人たちの痛恨の叫びだった。

◇と共に、災害復興住宅完成僅か3％という、政府援助の遅れが意味するもの。六十九年前の緊急疎開時の、国家は国民を助けないという感慨を、今また心に刻む。三年前のこの欄で、私は、生き残っただろう十四歳に〈人生は所与、たくましく自立せよ〉と書いた。

◇引揚げて、栃木県宇都宮市に。母方の伯母の家を三ヶ月で出て、郊外の工員アパートの一室に住み、母は肋膜で寝こみ、妹五人、電燈さえない所で一家のすべての生活の面倒を見た三ヶ月ほど。当然栄養失調による衰弱で休学。よく、夕暮れ時、一人裏の小山の杉林に佇《た》ち、天を仰いで深呼吸をしたものだ。

◇〈フクシマ〉と私たちの違いは、喪失の違いだろう。家族も家も自然も、一切が流された人たち。ただ、そこにその〈跡〉が残っている。忘れさせてくれない風景が人々の眼を覆っている。樺太の私たちが、思い出そうにも記憶にないということの空白にそれは見合うか。

◇いま私は、樺太近代四十年、ついに〈鰰《はららご》〉で終えた父母の世代の努力の跡を、僅かの資料から記録として遺《のこ》そうとしている。それが供養だろう、と。

5月1日（第769号）

◇墓地の案内が届く度に、〈何度死ねばいいんですか〉と笑って断る。でも、私事になるが、祖父の墓の所在を父は消してしまって不明のために、毎年夏、私は靖国神社に祖父に会いにゆく。祖父は、日露戦争旅順の激戦の中で、乃木さんの第三軍の一将校として戦死しているからである。

◇父が誕生して八日目の戦死。そのために家庭崩壊があり、そこに起因する事情から樺太に父は渡り、私が生まれる。日露戦争時の木製の、将校用軍用トランクに横たわる血染めの軍服を、時々私は見せられてきた。

◇先日、昨夏訪ねなかったので靖国に行き、遊就館をゆっくり見学した。アッツ島や硫黄島の戦略的意味は十分わかるものの、日本国の内地、四十万人の島民が住んだ領土〈樺太〉の、日露戦争、大東亜戦争時の状況の紹介が少ないのが残念である。いつも思う。

◇豊原郊外に西久保神社があり、ダリネーの激戦で戦死した十九柱が祀られてある。日露戦争時の樺太占領で亡くなった七十五柱の兵士たち。もちろん、大東亜戦争時の樺太守備隊の戦士たち。もう少し丁重に顕彰されたいと私などは思う。

◇日露戦争で対岸デカストリには、約三万人のロシア人が追放されたという。戦争が生むものに国籍はない。祖父・父・私、三代の思いが、いま私にある。

6月1日 (第770号)

◇詩人の吉野弘さんが亡くなった。詩に縁がない人でも、〈二人が睦まじくいるためには

／愚かでいるほうがいい／立派すぎないほうがいい／立派すぎることは／長持ちしないことだと気付いているほうがいい〉で始まる「祝婚歌」で、若い人の結婚式に親しんだことがあるのでは。
◇四十年前、研究者の一人として友人と二人で吉野さん宅を訪れ、インタビューをし、奥さんの手料理をご馳走になったことがある。詩のプロパガンダ性がテーマだったが、酒田時代のことなど話されて、人柄の優しさに感動した覚えがある。
◇「初めての児に」、「I was born」、そして「夕焼け」といった作品がポピュラーだが、「漢字喜遊曲」と題された詩。こう書く。

母は
舟の一族だろうか。
こころもち傾いているのは
どんな荷物を
積みすぎているせいか。

◇二連はこう。

幸《さいわ》いの中の人知れぬ辛《つら》さ
そして時に
辛さを忘れている幸い。
何が満たされて幸いになり
何が足らなくて辛いのか。

◇終連。〈器《うつわ》の中の／哭《こく》。／割れる器の嘆声か／人という名の器のもろさを／哭《な》く声か。〉と閉じる。吉野さんの言葉に触れつつ、人生とはと思ってみる。

7月1日（第771号）

◇稲原さんが逝った。余命八ヶ月と宣告されてのこととは言え、無念であったろう。死の三日前、たまたま見舞った時の、厳しい表情は忘れない。類稀な意力と気力、生への意志が、言葉にならない言葉の中に、迫力となって伝わっていた。
◇十五年前、豊中同期の当時の二階堂常務の誘いで、編集を委されて樺連に来て初めて会った。「朝日新聞」は読まないと激しく言って、当時、「文芸春秋」「正論」「諸君」の月刊三誌を、隅々まで読破している本読みの文化人稲原さんには、さすがに舌を巻いた。会員の読み易い文章を書けという、豊中三年先輩の教えは感謝している。得難い読み手を喪った淋しさは大きい。
◇陸士在籍者のプライドは高く、一方で会社を倒産させたという心の傷も深く、上から目線の厳しさと、経理のプロとしての自負の細かさが、戦後の動乱を生きざるを得なかった世代の付けとして、常に稲原さんにはあった。孤愁の人だった。
◇会長を辞したら、通信講座で七科を受講し、「宇宙工学」が面白いと言い、二十万も出して月々届く部品で組立てる木製時計を日々楽しんだり、年に一回だが落語会を私を誘って楽しんだ。時局を論じたら止まらなく、また、樺連の遺産を残そうと熱い人だった。
◇メモ魔だった。あの世でもメモを。悼！

8月1日（第772号）

◇八月は記憶の月。一つは樺太に終戦記念日が無かったこと。もう一つは、サン条約第二条C項。〈すべての権利、権原及び請求権を放棄する。〉の条文。

◇今、記憶することの必要性が問われている。スマホの機能の急速な向上が原因と言う。一九六〇年の正月、亡き作家の安部公房の予言を忘れていない。五三年に登場したテレビを評して、公房さんは〈テレビはやがて腕時計型になる〉と。半世紀を過ぎた今日、それはまさに現実となろうとしている。科学技術の進歩は人間の知の衰弱を招くかが問われた頃がなつかしい。

◇店頭の二宮書店刊『現代地図帳2014―2015』は、目次の「世界の一般図」の中に「ユーラシア北部・樺太」を記す。61頁の島樺太に〈西樺太山脈〉がある。私の生地樺太にこの名の山脈は存しないから、この樺太はかつての領土樺太では無い。「地名索引」にある樺太は、この地球上の何処に在るというのか。

◇記憶の無い者に忘却は無い。存在しない〈樺太〉が地図に載っても、誰も不思議と思わない。地図はいつからファンタジーになったのか。検索が正しい知識と出会う保証は無い。三・11で設置された〈風の電話〉をふと思う。そして、認知症の人を呼ぶ尋ね人たち。想像力の涯に漂う記憶の雲を想う。樺太よ。

9月1日（第773号）

◇今年は、第一次世界大戦からちょうど百年。新聞やテレビが特集で報じている。もちろん樺太は無縁ではなく、たとえば尼港事件後の北樺太保障占領が、一九二五年まであったことなどは、先に「樺太点心」で竹野学君が、詳しく解説している。

◇私が関心をもつのは、この一九一四年、大正三年を足場とする、それ以後の樺太の生活文化の様態である。先に「樺太　紙の記念館」第一回で紹介してあるが、明治三十八年の樺太占領後の住民動態表で知るのは、この年、前年に比べて島民がいきなり一万二千人以上増えて、五万四千人を超えたという事実である。

◇『樺太年表』を開くと、この年、樺太最初のパルプ工場三井大泊紙料工場が操業を始めている。前年、大川平三郎の樺太工業株式会社が設立され、また一方で前年の大正二年は、東北北海道の大凶作という不幸もあった。これもあろう。

◇私の今の関心は、たとえば新刊の海野弘著『1914年』（平凡社新書）の次の目次。「少女趣味の時代、ジェンダーとセックス、モダン・アートの革命、相対性理論と量子論、生命と遺伝子」――この大正ロマンの風を浴びた人々の、大量の渡島者たちの樺太。

◇いま漱石さんの『こころ』が読まれている。大正から昭和にかけた、樺太の都市文化の精華は？

10月1日（第774号）

◇男と女の間には、暗くて深い河がある――。同年齢の作家野坂がかつてこう唄った。日本の国境問題を思うと、いつもこの〈ローエンロー　ローエンロー〉の重い響きが聴こえてくる。

◇待望の一冊、山田吉彦著『国境の人びと――再考・島国日本の肖像』が、新潮選書から刊行された。これまで「新潮45」に連載されていたもの。読まれた方もあろう。

◇「第四章　国境の未来像〝外〟に向かう新たな模索」の冒頭「海峡内に横たわる公海の存在――津軽海峡にある国境線」は、一読の価値がある。**領海**は沿岸国の国家主権の及ぶ範囲、**公海**はどこの国の管轄権にも属さぬ海域。日本は、宗谷海峡・津軽海峡・大隅海峡・対馬海峡東水道・同西水道を特定海域と定め、各海峡の中央部を**公海**とし、国家主権を放棄している、と。

◇理由は非核三原則による〈核兵器の持ち込み禁止〉にあると指摘するが、**公海**とすると、津軽海峡がロシア北極海航路に欠かせない事情を考えると、問題もあろうと指摘する。

◇かつて五十七年ぶりの故郷訪問の途次、アインス宗谷の船内で、ここは無国籍なので手紙の投函は出来ないと断わられたことを思い出す。〈国境〉は地続きの生地樺太。いま『現代用語の基礎知識』の「全用語索引」に〈国境〉は無い。

11月1日（第775号）

◇中国文字で〈書く〉の始まりは、〈欠く〉と、書家の石川九楊は記す。篆刻《てんこく》。メソポタミアでは、角のある棒状の筆記用具で粘土版に文字を記したと言うが、金属ペンが出現するまでは主役は羽根ペンと言う。ペンの語源が〈羽〉を意味するラテン語の〈ペンナ〉。

◇私の最初の万年筆は、大学入学時に父から譲られたパイロット14金。書き慣れたペン先の柔らかさがなつかしい。現在は、小豆色の細身のモンブラン。ブルーブラック靴型のインク瓶が洒落ていて便利。
◇先日、大量の蔵書に別れを告げたが、平凡社カラー新書89梅田晴夫著『万年筆』という掌冊を残した。万年筆を主に書きに書いた、生地樺太。原稿用紙で三千枚を超える。いま、右手親指関節炎。インクの染みに頼るしかなく、ますます万年筆が手離せない。
◇日本製万年筆の創始は明治三十五年。「パイロット繰出し万年筆」。ファウンテン・ペンが、針先泉筆、吐墨筆、軽便含墨筆、自潤筆と呼ばれて。私は、万年筆と限らぬが、室生犀星が萩原朔太郎と共に金沢で出した詩誌の誌名「卓上噴水」が、詩人の命名で好きだ。
◇さて、齢《よわい》八十四。世事にくたびれ候故、そろそろ筆の終りも訪れよう。何をどう記すことが、故郷への感謝の証となるか。友との語らいを深めつつ。

白塗りの地図

編者コメント

本章では、工藤氏が2014年12月に『樺連情報』の編集を退任して以降、樺太に立脚しつつ、現代の世界に向けて発信してきている論考を収録している。

「忘却の彼方へ」は2015年、東京新聞の連載「消えた島樺太　もう一つの北方領土」の最終回として掲載されたインタビュー記事。「白く塗りつぶされた」樺太島（現サハリン）の地図に象徴される日本の教育現場での南樺太の扱い、その曖昧さの根本にある日本政府の見解。本書収録「曖昧がもたらすもの」と併せて読まれたい。

「樺太の詩人」、「地上はシームレス　陸地に国境のない国に」はいずれも2023年、ロシア・ウクライナ戦争を踏まえた発信。世界に対して樺太を白く塗り込めてきたこの国が、今ロシアとの関係においてはいかに「国家」の論理を振りかざしているか。本書で繰り返し問われ続けた樺太の歴史が、現代を読み解く鍵となる。

忘却の彼方へ

原　誠司
藤川大樹
（「東京新聞」２０１５年7月8日）

北海道の北に位置する樺太島（現サハリン）は、南北の長さが本州の半分ほどもある細長い大地だ。日本とロシアの国境がなく両国民の雑居地だった江戸期から、太平洋戦争が終わって日本領でなくなるまで、両国の間では国境が三たび変わった。ソ連侵攻により日本人の島民が七十年前、緊急疎開や抑留を経て引き揚げてきた歴史は記憶の彼方《かなた》に置き去りにされ、教育現場で教えられることもほとんどなくなっている。

ロシアが実効支配　日本では教えず

樺太島の南半分で戦前は日本領だった南樺太は、日本の高校で使われている地図帳の多くで、白く塗りつぶされている。どの国にも属さぬ「帰属未定地」という位置付けだからだ。島名は「樺太（サハリン）」と記されている。

「なぜ、こんなに不正確な地図がいつまでも載っているのか」。太平洋戦争の終戦時に豊原《とよはら》中学校三年生だった工藤信彦さん（85）＝東京都八王子市＝はずっと疑問を消せない。

「政府が日本領土ではないと明言する大地に、今もなお、『樺太』と日本名を記し、豊原や大泊《おおどまり》など街の名前が載る地図があることが正常だといえるだろうか」

教育現場で、自分の故郷はどのように教えられているのか、いろんな出版社の地図帳を調べてみた。島の北緯五〇度には国境線が引かれており、宗谷海峡にもやはり、国境線が引かれている。どの出版社の地図帳も同じだった。

日本と帝政ロシアは一八七五年、樺太・千島交換条約を締結した。両国民が暮らす「雑居地」だった樺太島は全域がロシア領に、代わりに千島列島全島が日本領となった。南樺太は、一九〇四年に開戦した日露戦争で日本が勝ち、翌年のポーツマス条約で得た「戦利品」だ。樺太島の北緯五〇度に国境線が引かれたのだった。

しかし、帝政ロシアに取って代わったソ連は四五年八月九日、日ソ中立条約を破って、南樺太に侵攻する。瞬く間に千島列島や北方四島とともに占領。ソ連がロシアに代わった今に至るまで、ずっと実効支配を続けている。だが国際法上、南樺太は正式にロシア領と認められていない。

半面、太平洋戦争に負けた日本は五一年、サンフランシスコ講和条約を連合国と締結し、南樺太の領有権を放棄。日本政府は二〇〇一年には、南樺太のユジノサハリンスク（豊原）に総領事館を置いて、南樺太をロシア領と認めるような措置を取った。

工藤さんはこうした経緯を踏まえ、日本領が存在しない以上、「樺太はもはや消えた地名」だと考えるのだ。

「位置づけ」あいまい

工藤さんは〇三年、戦前に南樺太に住んでいた人々でつくる全国樺太連盟の役員として、文部科学省を訪ねた。「南樺太は一体、ロシア領なのか、それとも違うのか」。「位置づけ」を明確にしてほしい、と求めた。また「ソ連が南樺太を領土侵犯した歴史」を学校で教えるよう訴えた。

応対に出た初等中等教育局長は「権限がない」と答えるだけだった。教科書の出版社にも、歴史を反映するよう求めたが、十二年を経た現在も状況は変わっていない。

〇五年十月、鈴木宗男衆院議員が南樺太の帰属について、質問主意書を提出してただすと、日本政府は「権利、権原及び請求権を放棄しており、わが国固有の領土ではない」と公式見解を表明した。半面、ロシアに帰属するかどうかについては「見解を述べる立場ではない」と述べるにとどめた。

ユジノサハリンスクに総領事館を置いた理由については「我が国企業が参加する大規模資源プロジェクトにより、多数の邦人が（樺太に）進出し、邦人保護などの領事業務の必要性が高まった」と説明した。

中学、高校の教科書作成の指針となる学習指導要領解説には、南樺太の記載は見当たらない。社会科の学習指導要領を所管する文科省の担当者は「指導要領は学校で教えるべき範囲の最低基準を示しており、教師の裁量でさらに広く深く教えることはあっていい」と解説する。

しかし、教育現場で実際に、南樺太の歴史が教えられる機会は、ほとんどないのが実情。「歴史の授業で触れることはあるが、南樺太の帰属がどうなっているかなどは教えていないと思う」とは、東京都世田谷区立中校長の説明だ。北方領土についてさえ、十分な学習時間を取ることがない中で、「樺太だけを取り上げて教えることはない」（東京都文京区立中の社会科教諭）のだ。

「使い捨て」

一方、日本の高校二年生に当たるロシアの十一年生の歴史教科書には「大祖国戦争（第二次世界大戦）での全面降伏により、（日本は）南樺太やクリール諸島（千島列島）を手放した」と記されている。

地図には、サハリン州と明記して島全体を同じ色で印刷。千島列島は日本の択捉島など北方四島まで含めて、「クリール諸島（ロシア）」と記し、ロシア領と教えている。

日ロ両国の南樺太に対する位置づけは、極めて対照的だ。

南樺太は一九〇五年から四十年間、約三十八万人の日本人が、夢を求めて入植した。前出の工藤さんら元樺太島民にとっては、「海に囲まれた日本で、歴史上唯一の『地続きの国境』によって、日ロ両国民が島の南北に分かれて平和に暮らした故郷」だ。

「故郷はただ、パルプや魚介類、石炭を得るためだけの資源植民地として使い捨てにされた。日本人が南樺太の歴史にあまりにも無関心な現状が、残念でならない」。工藤さんばかりでなく、既に高齢となった元島民の多くが、無念さを口にする。

樺太の詩人

田中洋之

（「毎日新聞」〈憂楽帳〉２０２３年2月6日）

〈国境〉によって国家は守られている。しかし、〈国境〉があるから、領土獲得の戦争は生じる――。ロシアによるウクライナ侵略のことではない。樺太（現ロシア・サハリン）出身で全国樺太連盟理事をつとめた詩人の工藤信彦さん（92）＝埼玉県川口市＝が樺太の日ソ国境について２００６年に論じたものだ。

第二次大戦末期にソ連軍は北緯50度の国境線を越え、日本領だった南樺太を占領した。当時14歳の工藤さんは母親、５人の妹と緊急疎開で本土に逃れた。ウクライナで再現されたロシアの侵攻は「許されない国家悪。ウクライナの難民は我が家の引き揚げを思い出させます」。その一方、ウクライナを支援しながらロシアからサハリン産石油・天然ガスの輸入を継続しようとする日本政府を「ご都合主義」と批判する。

敗戦で日本が主権を放棄した南樺太は「曖昧のままに問われることもなく放置」されたという工藤さん。そんな〝もはやない故郷〟に関する論稿や詩を収めた４００ページの「樺太覚書」

が最近、刊行された。戦争とは、国家とは何か。たゆまぬ思索が今も続く。

地上はシームレス　陸地に国境のない国に

工藤信彦
（2023年1月17日）

私は1930年、昭和5年、樺太の大泊で生まれた。豊原中学三年、敗戦の四日目、八月十九日、樺太庁の指示で母と妹五人を連れて、宗谷丸で大泊を旅立った。昭和十八年四月、島民の反対を押し切って樺太は内地となり、選挙も行われているから、引き揚げでなく疎開である。やがて米ソの協定により、帰国希望者全員が、サインをして引き揚げる。日本國初の領土放棄である。

1975年、昭和五十年八月十六日、私は「朝日新聞「声」欄」に、「旧カラフトは白塗りの地図」の一文を載せてもらい、翌日、文部省から、「国際法上帰属未定地」の返事が載った。今日日本国は、ロシア・ウクライナ戦争にあたって、右手にNATOに与して戦争に参加し、左手に「サハリン1」「サハリン2」と貿易交渉を始めている。私の故郷「樺太」は「既になく、もはやない郷土」とは、承知している。海洋群島国日本は永遠に、他国との陸上での「国境」は持たないだろう。

私の祖父は、日露戦争の激戦地旅順で、第三軍の将校として戦い戦死した。父が生まれて八日目。「戦争は故郷を失うだけでなく　父の記憶も奪ってしまう」と、私は詩「友よ」にかつて書いた。家庭は崩壊し、父は樺太に渡っている。そして私は今九十二歳。「白塗りの地図」はもうないよね。

解説

三つの「記念館」――運動方法論としての読み解き

松田晃（編者）

なぜ〈残さねば〉ならないのか。「歴史上の新発見」と「～コレクションを廃止」という見出しがしばしば新聞紙面に並ぶように、「記念館」は自明ではない。むしろ企図し保持する強烈な動機がなければ瞬く間に風化する脆い存在といえよう。

しかし、樺太連盟はその結成当初から七十年超にわたり、「樺太」を残し社会に共有する――公式化する――ことをさまざまに取り組み続けてきた。本書のテーマである、工藤信彦氏が『樺連情報』紙上で展開した「紙の記念館」構想を読み解くためには、まずは樺太連盟が残した「樺太」を整理することが欠かせない。

本小文では、樺連においてどのように「残す」取り組みがなされてきたか、そして工藤氏の仕事がこれにどう関わったかを概観する。また、その結果を踏まえて、氏の仕事の方法論を社会運動の観点から分析する。

樺太連盟「記念館」の系譜

「記念館」、すなわち樺太連盟が〈樺太を残す〉運動としては、結成まもない1952年の『中央情報』に、将来「樺太文庫」・「樺太文化資料室」を開設する構想がすでに示されていたことにまず驚かされる。

・事業運営の概要:(8)樺太関係の各種文献収集保存のため樺太文庫の設置(35号)

・事業の一つとして、樺太文化資料室ができます。これをわれわれの回想と再起の機縁に……御寄贈を熱願します/樺太庁発刊物、地図、絵画、絵ハガキ等、民間発刊書、その他(37号)

引揚の混乱と生活苦の中で、なお〈樺太を残す〉ことを求める。自己の存在証明を賭けたその強い情念は、「樺太」を読み解く者が通奏低音として常に認識しなければならない。

七十年超に及ぶ樺連の活動の中で、この〈残す〉ことへの思いは様々に形作られてきた。工藤氏の「紙の記念館」以外の取り組みを、ここでは2つに大別する。

まず、日本領樺太時代の歴史を記す通称『樺太四十年史』の編纂・刊行、もう一つは「樺太記念館」の設立とサテライトとしての「移動展」の開催である。『樺連情報』の記事を元に、これらの経緯を別表にまとめているので併せて参照されたい。以下、2つの取り組みの展開を概観する。

◆『樺太四十年史』——失われた10年を求めて

1936年、日本領当時の樺太庁から『樺太庁施政三十年史』が刊行された。『樺連情報』

紙上では1950年代に入り、樺太史を展望する記事が掲載されるとともに、この『三十年史』を起点として樺太庁廃止までの十年間を記した『樺太四十年史』の編纂を求める声が上がっていった。当時のコラム（99号、1957年）よりこの間の事情をうかがわせる文を引く。

連盟としては、樺太治政四十年史を、どうしても作りたいと考えている。今村長官時代に三十年史を作って…その後の十年が問題だ／戦時中、官公私共印刷物の発表を抑えられていたばかりでなく、既刊の統計、地図、写真記録を抹殺、破棄を命ぜられ…極端にいうと十年間の文献は何もない状態／各外地の引揚史刊行が数年来着手され…満蒙と朝鮮ではある程度見通しがついているらしいのは羨ましい限り

これらを受け、樺連は1960年、『樺太四十年史』の準備を事業計画に明記するとともに、北海道庁に「終戦時の諸調査機関の設置」を請願した。調査内容としては樺太の産業、金融、人口分布、戦後ソ連の発した文書の蒐集などがあげられているが、請願理由が興味深い。

道と樺太の戦前関係を考慮し、樺太引揚の七割を収容している道の現実よりして道の開発上重要な人的資源たること、かつ将来日ソ平和条約締結の際これら樺太関係の各種資料をとり揃えおくため相当の経費と機構を要する（131号）

つまり、歴史・史料そのものではなく、有為の「人的資源」活用と対ソ交渉の材料として〈樺太を調査し記録する必要がある〉と主張されている。樺太の記録・情報が切実に、日々の生活に直結していたことがうかがえる。

北海道庁はこの請願を踏まえ、1965年に「樺太史」の編纂を決定、「樺太関係資料編集協議会」を設置してこれに取り組んだ。樺太連盟は内部に編集委員会を設置し、『樺連情報』紙上で繰り返し終戦時手記・資料の提供呼びかけと、協力者名の掲載を行い、約500点に及ぶ手記類を収集した（下出『樺太終戦史』）。

第二次世界大戦、特に終戦期を中心とする『終戦史』の刊行が1973年、日本領樺太時代四十年間を中心とする『沿革・行政史』の刊行が78年であるから、編纂決定から十年超の期間にわたり樺連内の有識者を中心として、広く会員の協力を得た事業として実現したことになる。刊行された両書は、学校、図書館、自治体等へ配布されるとともに、会員に対しても実費頒布された。

◆「樺太記念館」――50年の夢

前出の通り、樺連最初期から「樺太記念館」を求める声はあったが、その後70年代にかけてはほとんど言及されることはなかった。ところが1985年、記念館建設の国への働きかけ、資料収集が事業計画に盛り込まれ、樺連としての設立運動が始まる。当時の論点、主張は87年に『樺連情報』で報じられた総務長官宛「樺太記念（資料）館設立に関する陳情」（449号）から知ることができる。

1 「戦後処理問題懇話会」答申（1984年）により、「平和祈念事業特別基金」事業が計画

された
2　この事業において、朝鮮・台湾・満州等の外地をはじめ、樺太を含む総合記念館を建設する計画があると聞く
3　独自の記念館を設立してほしい（主文要約）
さらに記念館設立の理由として、「南樺太を他の外地と同様に取扱えば、国際的にも南樺太問題は解決済みであるという既成事実を与えてしまう」とし、「日本人の目を北方に向けさせ…精神的バイタリティを培養」するために「生きた教材を展示する樺太記念（資料）館」が必要である、と付言している。この「樺太記念館」設立運動の立ち上がりは唐突とも見えるが、答申を機として「南樺太問題が「他の外地」と同様に扱われ、解決が既成事実化」されることへの、切迫した危機感が背景にあったことがうかがわれる。

その後も国、北海道庁との折衝は難航し、また一方樺連内でも稚内、旭川、札幌と設立候補地が並立するなどの紆余曲折をへて、1999年に建設地を札幌に決定して本格的な設立準備が開始された。『四十年史』と同様に、『樺連情報』紙上での「資料収集のためのお願い」や協力者名の顕彰が繰り返し展開され、また収蔵された資料を活用して各地支部による「移動展」が実施されるなど、広く会員の協力を得た事業が推進、展開されていった。

2003年、北海道庁の施設である「樺太関係展示資料室」を移転・拡大する形で記念館を設立することが決定、樺連は企画、展示物制作、資料整理、解説文作成などの協力にあたった。

翌2004年8月、北海道庁旧本庁舎(赤れんが庁舎)に「樺太関係資料館」がオープンした。『中央情報』紙上での「樺太文化資料室」言及から五十余年、建設運動が本格化してから約二十年後のことである。

◆樺連「記念館」の方法論

以上、樺連が残した「樺太」の足跡、すなわち『樺太四十年史』刊行と「樺太関係資料館」設立について概観した。これらが取り組まれた経緯を比較すると、いくつかの共通点が浮かび上がってくる。

- 『樺連情報』等を通して会員に呼びかけ、協力者名を顕彰するサイクルで継続的に広く協力を得る仕組み
- 取り組みの背景に常に意識される「他の外地」
- 樺連主導を志向しつつ求められる国・北海道庁の関与
- ターゲットとする読者・利用者は「樺連」の外側(必ずしも会員ではない)

これらの精査は後日の研究に委ねることとして、次節からはこのような組織文化、運動方法論を持った「樺連」という組織を後景において、「紙の記念館」を核とした工藤信彦氏の仕事を読み解いていく。

樺連情報内「紙の記念館」

◆ふたつの〈樺太〉と「記念館」

1995年に樺連に入会した工藤氏は、1999年から『樺連情報』の編集に参画する（本書「クロニクル」参照）。同年は建設地が札幌に決定し、会員への協力呼びかけがなされるなど急速に「樺太記念館」の立ち上げが進められていた時期にあたり、『樺連情報』紙上ではほぼ毎号にわたり「樺太記念館コーナー」が掲載され、寄贈、収集された資料の紹介や、情報提供の呼びかけなど、広く会員の協力が求められていた。

工藤氏の「樺太記念館」への言及としては、記念館立ち上げの作業にたずさわったプロジェクトチームの取材から「樺太記念館」を問う「ふたつの〈樺太〉―プロジェクトチームの労作に接して―」と題する記事（661号、2005年）がある。ここには、「すでに無くもはや無い樺太」という事実を基点として思索された「樺太記念館」のあり方、方法論が明確に記されている。

後世の人々に、かつて〈樺太〉在りと認識してもらうには、樺太を残さねばならないと、私たちは考えたのだ。あの島の樺太ではないけれど、ここに私たちの樺太が在るように、と。

……モノという名の樺太。それが収集品のすべてである。それらをどう区分けしつつ、どう展示すれば、大方の樺太人が納得する〈樺太〉を再現できるか。資料を駆使しつつ演じるしかない記憶の構築が、壮大な記念館の創設という仕事となったと言ってよかろう。
その思いは、おそらく立ち上げに献身的に関わった人々、「プロジェクトチーム」一人一人にも共有されていたものであっただろう。だが、このいわばマニフェストが「樺太関係資料館」オープン前に宣言されえなかったこと、つまり組織「樺連」のものではなかったこともまた事実であり、「紙の記念館」が企画された必然へと繫がっている。

◆「紙の記念館」への道程

『樺連情報』紙上での「樺太記念館」、すなわち工藤氏の「紙の記念館」については、2000年に氏の最初の記名記事である「持続する勲章」(本書収録)にすでに触れられている。このアイディアは次第に具現化され、3年後の「いま哀惜の努力を〈樺太〉を歴史とするために」(638号)では方法論として結実、2006年からの「紙の記念館」(本書収録)以降で具現していく。以下、引用にてその過程を示し、本書読み解きの参考に供する。

同じように心する眼で樺太を思い、後世の若い人々に〈樺太〉を残せるならば、「情報」が一つの樺太記念館となるだろう。(600号「持続する勲章」(本書収録))

文部省の検定「日本史」の教科書の「索引」からは、「樺太」はとうに消えて、無い。四十年の「樺太」の歴史が、日本の近代史の上にきちんと記録されることはない。…せめて、樺太で生まれ育った私たちの世代の者だけでも、「樺太」を記録し、後世に伝えてゆかねばならない。「樺太」の名を、「歴史」の中に位置づけることを、努力する時が来ていると思う。（613号「曖昧がもたらすもの」（本書収録））

自らの歴史は、自らが紡がなくては。自分の子や孫にこそ、自分で語ることで、〈樺太〉の歴史は、歴史として確かに記憶され、語り継がれるであろう。樺太を知らない人たちが、樺太を思い出すことはない。歴史は、記憶の織り物である。そして、それ故に、『樺連情報』こそ、記憶の記念館となりうる。会員各位の投稿を期待したい。（638号「いま哀惜の努力を〈樺太〉を歴史とするために」）

三つの「記念館」——社会運動の方法論比較

以上概観してきた『樺太四十年史』、「樺太記念館」、そして「紙の記念館」の三つの「記念館」について、ここでは運動方法論としての対比分析を行い、工藤氏の「紙の記念館」の特徴を明確化する。氏自身による概説は「『樺連情報』史」に記されているので、併せて参照されたい。

1　運動体の構造

『樺太四十年史』、「樺太記念館」では主要なアクターはこれらに加えて、樺太連盟、国・北海道庁、樺連会員である。基本的な構造は相似している。『四十年史』「樺太記念館」を樺連と国・

道が共同で企画・制作、樺連会員は手記や資料提供、資料整理や解説ボランティアといった形で情報や労力を提供し、その方向性はほぼ一方向の矢印に集約される。

工藤氏の構想する「紙の記念館」はより時間的、空間的に複雑な構造を持つ。『樺連情報』の記事の集合体＝「紙の記念館」を中心として、樺連会員だけでなく、研究者やメディアなどの有識者が〈読み手〉と〈書き手〉の両方の役割で関わってくる。

「樺太で生まれ育った私たちの世代」を中心とする樺連会員は、投稿を通じて記録する役割を持つが、同時に〈心する眼〉をもち自分たちの記録を読む役割をも持つ。また、研究者やメディアなどの有識者は『樺連情報』の〈読み手〉として紡がれた歴史を読むと同時に、アカデミアなどの〈外から見た〉樺太を投稿し記憶を歴史化する役割を持つ。

このように複層的な構造をとる「紙の記念館」はさらに、「自分の子や孫」、すなわち時間を隔てた将来の世代における役割を託されている。現世代において縦横に紡がれた〈記憶の織物〉としての樺太の歴史が、『樺連情報』紙上、あるいはそのアウトプットである書籍などを通じ、「語り継がれる」ことを工藤氏は想定している。

2　運動主体の動機

『樺太四十年史』、「樺太記念館」においては基本的に組織としての「樺太連盟」が運動の主体であり、個々の会員は献身的な参加に関わらず、従属的な位置づけにあった。陳情や請願の文言、当時の記事からは、次のような動機を読み取ることができる。

・『四十年史』：日本領樺太のかつての存在を史書編纂を通じ再確認することで、日本の国家・社会の中における樺太引揚者の正統性を強化する

・「樺太記念館」：日本の国家・社会に対し「南樺太問題」が今そこにあることの確認と、その解決・救済へのコミットを求める

「紙の記念館」においては運動の主体と位置付けられるのは「自分」＝「樺太で生まれ育った私たちの世代」、個々の会員である。『樺連情報』は法人機関紙であるから、当然に樺連は運動に無関係ではありえないが、ここではプラットホームの提供者、従属的な位置付けにあったと言える。先に引用した工藤氏の記事他からは、次のような動機が読み取れる。

・自らの語りを通じて、「樺太」の名を「歴史」の中に位置付け、日本の近代史の上に記録すること。自分の子や孫、すなわち後世に〈樺太〉の歴史が語り継がれていくこと。

3　運動の主題「歴史」

以上、『四十年史』「樺太記念館」に対し「紙の記念館」の特徴を方法論の側面から比較分析した。両者ともに、樺太の記憶を持ってそこに関わる一人一人の会員の想い、熱意は変わらないが、その社会運動としての動機と方法論は大きく異なる。ここでは運動の主題である「歴史」について比較してまとめとする。

両者ともに、「今残さなければ、樺太の歴史は消えてしまう」という認識は等しい。樺連を主体とする前者二つの運動において〈歴史〉は、〈今まで〉残っている〈モノを残し続ける〉こととして捉えられる。一方、工藤氏の歴史認識の原点は、「すでに無くもはや無い樺太」にあり、すなわち〈今残す〉とは、「資料を駆使しつつ演じる記憶の構築」、つまり「記憶を歴史に紡ぐ」行為であるから、〈歴史〉は今から始まる〈書くこと〉、の営為となる。

言葉で書かれたものが樺太になり、樺太の歴史として残ります。語る言葉は風と共に消えます。……父母の世代が夢をもって懸命に育て上げた〈樺太〉です。夢半《ゆめなか》ばに終った無念に応《こた》えるのも、私たちの使命です。ぜひ一文を――。（「編集からのお願い」766号、2014年）

次代へ、「記念館」が結ばれる時

2014年の工藤氏の退任に至るまで、たとえば「紙の記念館」の成果が「樺太関係資料館」の展示に反映される、あるいは『樺太四十年史』を「紙の記念館」に位置づけるなど、三つの「記念館」を連携させる活動は明確に打ち出されることがなかった。しかし、2019年に「樺太関係資料館」が閉館、また2021年に樺太連盟そのものが解散するに至り、これらの成果を次代に向け連携する活動が各所においてすでになされている。ここではその一端を紹介する。

1　『樺太四〇年の歴史』刊行（２０１２年～２０１７年）

２０１７年、原暉之氏、天野尚樹氏ら一線の研究者四名により『樺太四〇年の歴史』が刊行された。

執筆陣の多くは工藤氏が企画した「樺太点心」にも寄稿し、紙面を通じてアカデミアと樺太連盟の交流に関わった人々である。本書は２０１２年に樺連の依頼により編纂されたもので、「紙の記念館」から『四十年史』への還流としてあげることができるだろう。

2　稚内市樺太記念館、北海道博物館への収集資料寄贈（２０１７年～）

２０１７年より、樺太連盟が収集した資料約８０００点が稚内市樺太記念館、北海道博物館へ寄贈されている。稚内市樺太記念館ではすでに寄贈された資料を中心として展示が行われており、北海道博物館では将来の展示を目指して学芸員の方々による整理、企画が進行中である。樺連の人々が自ら作り上げた歴史が、専門博物館において恒久的にアーカイブされることを期待したい。

おわりに

樺太の歴史が紡がれた道程、「記念館」を辿ることは、翻って筆者への問いとなる。いま、私に郷土は、歴史は自明か。

私の住む東京は明日もこの姿であろうし、今日２０２３年はどこかで歴史に記されているだろう――か？

３・11に東京が緊急避難の対象とならなかったのは髪の毛一本の僥倖であり、今なおこの国内に国家の名において郷土を奪われ、避難生活を送る人々がいること。

生活の「モノ」から「データ」へのシフト。データのコントロールは権力（国家、とは限らぬ）にあって私にはなく、一個人たる私の生活文化史、「生きた」証が権力の名において残されていく、という希望はあまりに楽観的にすぎること。

そう、なぜ〈残さねば〉ならないのか？　という傍観者の問いは直ちに、「〈オマエガ〉ノコサナイノカ」という刃となって私に突きつけられる。

「自らの歴史は、自らが紡がなくては」。私／あなたが〈書く〉ことに始まる「紙の記念館」の方法論を、その細い道を照らす灯明としたい。

樺太連盟「記念館」の系譜 ―樺太四〇年史と樺太記念館―

年	トピック
１９４８	**樺太連盟結成**、１２月、「中央情報」（後に「樺連情報」に改題）創刊
１９５２	将来の「**樺太文庫**」「**樺太文化資料室**」構想が示される（３５号、３７号）
	樺太四十年史
１９５５～５６	「樺太史概要」（７１、７２号）、「近世樺太史要」（７８、７９号）と樺太史を展望する記事が掲載される
１９５７	「本紙百号と四十年史」（９９号）
１９６０	「四十年史」準備が事業計画に明記（１２６号）。「樺太諸調査機関の設置」を北海道庁に請願（１２８号、１３１号）
１９６５	北海道庁が**樺太史の編纂**を決定（１８２号）、樺連は終戦および引揚記録の収集、整理等に協力（１７８号）
１９６５～７０頃	「樺連情報」紙上で**終戦時手記・資料提供の呼びかけ**、協力者名の掲載続く（１８４号、１８９号他）
１９７３	樺太連盟より『**樺太終戦史**』刊行（２７６号）
１９７８	樺太連盟より『**樺太沿革・行政史**』刊行（３３１号）
	樺太記念館
１９８４	【※樺連外】「平和祈念事業特別基金」の設立が政府諮問機関「戦後処理問題懇談会」にて答申
１９８５	記念館建設の国への働きかけ、資料収集が事業計画に盛り込まれ、陳情始まる（４１９号、４４９号）。また、道議会で知事に対し道施設内での資料展示、国への記念館設置を要望（４２１号）
１９９２	道庁樺太関係資料室内に「**樺太資料展示室**」**オープン**、樺連は企画、運営等協力（５０３号）
１９９６頃～１９９９	稚内、旭川、札幌を候補地として企画調査、検討を実施（５８２、５８３号）。基本構想策定（５８７号）を経て１９９９年、建設地を札幌に決定（５８６号）、国への働きかけ、北海道庁との協議を開始（５８８号）。「**資料収集のためのお願い**」として会員へ協力を依頼（５８３号、５８９号）。

年	トピック
２０００	**【※樺連外】**各地からの「兵士、戦後強制抑留者および海外からの引揚者の労苦」を記録展示する「平和祈念展示資料館」（東京）が、平和祈念事業特別基金により開設
２０００～２００２	記念館準備に向け、資料収集委員を委嘱（５９８号）、改めて資料収集への協力呼びかけ。道連内に設立準備室・資料収蔵室を開設。道庁樺太関係資料室と協力し道庁ロビーで「樺太関係資料移動展」を開催（６２２号）。２００３年以降は２０２１年に至るまで、独自の「**移動展**」を実施（６４２号、８４７号）。ロビー展を含み２０回を数えた
２００３	樺太記念館として、道庁**樺太関係資料室の移転・拡大**がなされることが内定。企画、展示物製作、資料整理、解説文作成等を実施（６４３号、６４６号他）
２００４	道庁赤れんが庁舎への開設が決定（６４７号）。８月、「**樺太関係資料館」オープン**。樺連は企画、運営等に協力（６５３号）
	次代へ
２０１７	樺太連盟より『**樺太四〇年の歴史**』刊行（８０５号）
	稚内市へ、稚内市樺太記念館設立（２０１８年）に向け**収集資料約２０００点を寄贈**
２０１９	赤れんが庁舎のリニューアルに伴い、**樺太関係資料館閉館**。２０２５年度の再開に向け北海道庁にて展示内容を調整中。
２０２１	樺太連盟解散に先立ち、道庁（北海道博物館）へ**収集資料５７３３点を委譲**（８４６号）。道博物館にて展示に向けた調査、整理が続けられている
	樺太連盟解散

解説　参考文献等

『樺連情報』記事一覧　（参照順）

タイトル	掲載号	発行年
樺太文庫の設置や貸間の提供など　鈴谷会館の経営要項	35号	1952
樺太関係の各種資料ご寄贈を期待す　本連盟の文化資料に	37号	1952
樺太史概要　歴史的に日本の領土だ（西鶴定嘉）	71号	1955
樺太史概要　産業・経済・一般について（大津敏男）	72号	1955
近世樺太史要　第一回（下出繁雄（編））	78号	1955
近世樺太史要　第二回（下出繁雄（編））	79号	1956
飯倉だより　「本紙百号と四十年史」（金子）	99号	1957
引揚げ諸問題解決へ　連盟新年度事業まとまる　〝四十年史〟も準備	126号	1960
道議会に請願決る　「終戦時の諸調査機関設置」	128号	1960
懸案の請願を受理	131号	1960
樺太史料の編集（下出繁雄）	178号	1965
樺太史着手	182号	1965
終戦前後の資料など樺太史編さんに協力期待	184号	1965
資料ありがとう　樺太史ご協力、寄稿者	189号	1966
〝樺太終戦史〟配本開始　好評の南樺太全図　あなたも是非一冊を	276号	1973
樺太沿革・行政史　いよいよ印刷着手	331号	1977
６０年度事業計画・予算決議	419号	1985
樺太記念（資料）館設立に関する陳情	449号	1987
樺太関係問題と今後の方策　６０年第１回北海道議会開く	421号	1985
樺太資料展示室開設	503号	1992
舞鶴引揚者記念館視察報告記（西本美嗣）	582号	1998
第二回　理事会開催　樺太記念館設立を目指して	583号	1998
樺太記念館基本構想　具現化に向けて	587号	1999
「樺太記念館」設立具体化へ始動	588号	1999
臨時理事会開催　樺太記念館建設札幌に決定	586号	1999

樺太関係資料収集へのお願い	583号	1998
資料収集のためのお願い	589号	1999
収集委員を軸に樺太記念館の資料を集めましょう	598号	2000
樺太資料展のご案内	622号	2002
樺太関係資料館　最後の移動展　札幌移動展開催！	847号	2021
樺太記念館コーナー　「稚内移動展」点描（矢野牧夫）	642号	2003
第１３回樺太記念館専門会議（磯島）	643号	2003
樺太記念館資料	646号	2004
新春の集い　記念館、道庁赤れんがに（磯島）	647号	2004
望郷はるか　わが樺太忘るまじ　８月２日樺太関係資料館オープン（磯島）	653号	2004
ご案内　図書『樺太四〇年の歴史』が出来ました（事務局）	805号	2017
第三回臨時理事会決議（辻）	846号	2021
ふたつの〈樺太〉―プロジェクトチームの労作に接して―（工藤信彦）	661号	2005
いま哀惜の努力を　〈樺太〉を歴史とするために（工藤信彦）	638号	2003
編集からのお願い（工藤信彦）	766号	2014

その他参照・出典

■書籍

『樺太終戦史』（樺太終戦史刊行会編、全国樺太連盟、1973）
『樺太沿革・行政史』（全国樺太連盟編、全国樺太連盟、1978）
『樺太四〇年の歴史―四〇万人の故郷―』（原暉之・天野尚樹編著、全国樺太連盟、2017）

上記の他、『樺太連盟史』（全国樺太連盟、２０１１年）から、特に以下の章を参照した。

『樺連情報』史（工藤信彦、本書収録）
樺太関係資料館（西本美嗣）
樺太関係資料の調査・集収（小熊幸人）
北海道樺太会館資料収蔵室秘話（眞嶋昭三）

移動展史（岩崎守男）

■ホームページ

稚内市ＨＰ「稚内市樺太記念館」 （https://www.city.wakkanai.hokkaido.jp/kyoiku/kakusyushisetsu/karafuto_museum.html）
北海道ＨＰ「樺太に関する資料について」 （https://www.pref.hokkaido.lg.jp/hf/feg/siryoukan.html）

（以上、２０２３年９月閲覧）

エピローグ

著者あとがき

「樺太」は、もはや無く、既にない、わたしの生地であり、故郷である。九十歳の母を引き取り、老老介護の生活を始めるにあたり、初めて、故郷樺太を問う気持ちになり、樺太豊原中学同期生の二階堂君から誘われたことがきっかけで、樺太連盟の編集の仕事をする事になる。仲間の「追い出されるなよ」の声を背に。十五年ほどいて、その通りになる。逆に私は、心冷まして仕事をした感じだった。長く常務から会長を務めた稲原さんと西本君との交代は、まさに一夜の劇であった。あり得た事。稲原、工藤の二人が思った残念は、連盟設立時からあった、樺太資料室の設置の夢が消えた事であった。

この本の成立に努力された五人の仲間たち。1980年時の高校一年の担任の諸君達、中山智香子さん、奈良桂子さん、瀬戸美恵子さん、坂口有理さん、特にこの本作成のために、わざわざ稚内まで足を運び、その成果が表紙の美しいブルーの海景となるなど、松田晃君の見事なエディターシップには、感動します。有難うございます。そして石風社の福元さん、私の友人の八代さんにも感謝を。

最後に、このホーム入所前に書いた、一つの文章を挙げ、私が樺連時代をすごしながら、「樺太」をどう見ていたか。参考にしていただければありがたいです。

樺太小思

日露島民総入れ替えのサハリンの歴史。総督府を置かず、南洋庁と同じ扱いの植民地樺太。国家投資を殆どせず、「三井の島」と称され、開拓では無い開発計画の下に発展させた樺太。占領と同時に豊原の都市構想を先行させての、大工場中心の都市形態は、全てが格子状の整然を現出している。しかし、限界のある資源と、政府の南進論志向の中で、切捨ての方向が定められ、それに戦争の状態が加わって、「内地化と言う名の放棄」という運命を辿っている。ただ、資源植民地と決め付けられながら、税制優遇化での都市中心の経営は、島民文化の中枢に内地文化の先端が届くという利便さで進められていたから、日本の中の日本とも言える、コンパクトな箱庭文化の具現化現象もあり得たろう。島民の95％が日本人というシンプルな日本人社会であった。大正ロマンと自由を身に浴びた父の世代が、育てつつあったであろう「樺太」。その夢と文化。徒花もまた華なりと。（２０１６年11月5日）

つまり、私は都市豊原と、大泊という島の玄関口しか知らず、他の人々は、豊原にあっても小さい子供。殆ど真岡や敷香といった地方の人。豊原文化を全く知らない人たち。その落差が

すべてでした。樺太、僅か四十年！（九二歳の秋に）

編者後記

2008年『わが内なる樺太』、2019年『職業としての「国語」教育』、2024年『「樺太・紙の記念館」にむけて』。工藤先生の「内なる樺太」を開くこと、開くために〈書く〉方法、そして〈樺太を書く〉歴史を紡ぐ実践。私たち関わらせていただいた教え子の誰一人、三部構成は思いもよらなかったが、出来上がった本を並べてみるとなるほどこの構成は必然であった、と喜びと共に実感している。

はじまりは23年1月、「『樺連情報』の中の自分の仕事を、コピーで集成したい」とのご連絡だった。お手紙には、かつて先生と共に、『樺連情報』の印刷に携わられた八代さんがレイアウトした翻刻が同封されている。まずは国会図書館に集合、いつもの教え子5人で『樺連情報』縮刷版を読む。工藤先生の記名のある記事を片端からコピーし、リスト化する。記事の内容に応じた分類・キーワードをリストに入れたのは誰のアイディアであったか、出来上がったクロニクルは工藤先生の仕事を自ずと構造化するものだった。議論の中、次第にボリュームは膨らみ、コピーではなく出版したい、と石風社様へお話ししたのは4月。梅雨明け6月、ようやく作業が本格化する。

翻刻と構成は松田が主として行った。クロニクルと先生の「『樺連情報』史」を片手に目次を作っては縮刷版にあたってテキスト起こし、並べてみてはまた目次を修正する。合間を縫って書誌・関連情報を検索し取りまとめる。今や、自宅にいながらにして国会図書館サーチで書誌情報をネット検索し、主要な史料はパソコンの画面で読むことができる。テキスト起こしも瞬時にクラウドOCRで終わり、原稿を書けばGitが世代管理までやってくれる。工藤先生が1ヶ月以上毎日国会図書館に通われて「樺太渡島事始め」(『わが内なる樺太』所収)を執筆されたというお話を伺いながら、この手軽さ、スピードに見合うアウトプットが私にあるのか、と自問する。

7月末。概ね翻刻が終わり構成が固まったところで、解説に着手する。工藤先生の圧倒的な仕事を前に、まして樺太について素人同然の私が何を書けるのか、書く資格があるのか。後回しにしてきた問いがキーボードを叩く指に絡みつく。研究者の真似事をしても意味はなく、〈わたしのみの見方〉とは何か。時間だけが過ぎていく。そうだ、「紙の記念館」を問う以上、せめて「稚内市樺太記念館」はこの目で見なければ。——工藤先生が師事された北大の風巻景次郎教授の言葉が浮かぶ。「北海道で平安朝の文学研究は無理です。やるなら、せめて一度は、京都に旅し、駅のホームに、30分でいいから立ってほしい。要は、京の風を肌で感じて欲しい」

8月28日、稚内公園に立ち宗谷海峡を見る。氷雪の門の向こう、かすかに灰青色の島影が見える。あれこそが樺太であり、私は〈見てしまった〉。宗谷岬からは43キロ、私の足は走り抜けるその距離を知っている。市内で今日出会う人々の中には、樺太にゆかりの人々もいるに違いない。緊急疎開、引揚者はこの道を歩いたはず。——見てしまったからには、当たり前の事実が次々に私を撃つ。すでに私は部外者ではあり得ない、それが「肌で」感じることであろうよ、と。

この本が、失われまた簒奪されゆくわたしたちの歴史を〈開く〉、〈書く〉そして〈紡ぐ〉ことの先駆的な実践の書として読み継がれることを祈る。

本書の編集は、工藤先生の生活を伴走する教え子5人（中山智香子、奈良桂子、坂口有理、瀬戸美恵子、松田晃）が前巻『職業としての「国語」教育』に引き続き共同してあたった。それぞれがプロとして協力し先生に寄り添う機動性、創造性がこれまでにも増して発揮されたことを相互の感謝を込め、ここに記しておきたい。

また、企画、翻刻に際しては八代澄江さんにご支援をいただき、編集、出版については前2冊に引き続き石風社の福元満治さんに全面的にご協力をいただいた。厚く御礼申し上げる。

伴走者5人を代表して

松田　晃

初出・参考文献一覧

工藤信彦、『わが内なる樺太―外地であり内地であった「植民地」をめぐって―』、石風社、２００８年
工藤信彦、『職業としての「国語」教育』、石風社、２０１９年
樺連情報縮刷版（１）～（６）、全国樺太連盟旭川支部、１９９８年
樺連情報縮刷版（７）～（９）、全国樺太連盟、２０１３～２０２１年
なお、記事検索のため「大槻忠史、木村由美、中山大将編『樺連情報ＤＢ』（京都大学東南アジア地域研究研究所、２０２３年）(https://app.cseas.kyoto-u.ac.jp/infolib/meta_pub/G0000311kfpw0001KBJH)」を参照した。

■はじめに
無いものについて【樺太小考】、岩下明裕編『日本の「国境問題」：現場から考える（別冊『環』19)』、藤原書店、２０１２年

■樺連情報全仕事

持続する勲章　―六〇〇号の意味するもの―、『樺連情報』600号、2000年
『樺連情報』史　―エディターシップの視点から―、『樺太連盟史』、全国樺太連盟、2011年
樺太拓殖策（樺太・紙の記念館3）、『樺連情報』696号、2008年
蝦夷闔境輿地全図（樺太・紙の記念館4）、『樺連情報』708号、2009年
「豊原市職業別明細図」から（樺太・紙の記念館10）、『樺連情報』744号、2012年
樺太の気象（樺太・紙の記念館16）、『樺連情報』764号、2013年
書棚に故郷を読むと（樺太・紙の記念館1）、『樺連情報』670号、2006年
「樺太日誌抄」を始めるに当たって、『樺連情報』725号、2010年
「樺太日誌抄」　―或る日の新聞の一面―（昭和11年6月18日）、『樺連情報』733号、2011年
曖昧がもたらすもの―「地図」の中の「樺太」について、『樺連情報』613号、2001年
樺太ブックレビュー（1）――活字の中の〈樺太〉を求めて、『樺連情報』649号　2004年

■余言抄
余言抄、『樺連情報』597号～775号、2000～2014年

■白塗りの地図

消えた島樺太　もう一つの北方領土（5）、原誠司・藤川大樹、東京新聞2015年7月8日夕刊
樺太の詩人、田中洋之、毎日新聞2023年2月6日夕刊「憂楽帳」
地上はシームレス　陸地に国境のない国に、書き下ろし、2023年

■図版

蝦夷闔境輿地全図、藤田惇斎・橋本玉蘭斎作、播磨屋勝五郎（版元）、1854年、国土地理院所蔵（古地図コレクション）
豊原市街図（大日本職業別明細図索引附住所入信用案内：第550号（樺太・豊原市））、東京交通社、1938年、北海道大学図書館北方資料室所蔵（北方資料データベース）
樺太日日新聞紙面（昭和11年6月18日3面）、樺太日日新聞社、1936年、国会図書館所蔵
樺太敷香時報社編『昭和十四年樺太年鑑』、1939年、樺太敷香時報社、国立国会図書館デジタルコレクション
菅原繁蔵著『樺太植物図誌』、1936〜40年、樺太植物図誌刊行会、国立国会図書館デジタルコレクション

■歌詞使用許諾

樺太音頭　作詞・時雨音羽、作曲・佐々紅華、1934年、JASRAC（出）2308755-301

樺太島歌　作詞・本間一咲、作曲・山田耕筰、１９３８年、ＪＡＳＲＡＣ（出）2310070-301
北帰行　作詞作曲・宇田博、１９４１年、ＪＡＳＲＡＣ（出）2400638-401

■参考文献

樺太終戦史刊行会編、『樺太終戦史』、全国樺太連盟、１９７３年
全国樺太連盟編、『樺太沿革・行政史』、全国樺太連盟、１９７８年
原暉之・天野尚樹編著、『樺太四〇年の歴史―四〇万人の故郷―』、全国樺太連盟、２０１７年
全国樺太連盟編、『樺太連盟史』、全国樺太連盟、２０１１年

■ホームページ

稚内市、「稚内市樺太記念館」、https://www.city.wakkanai.hokkaido.jp/kyoiku/kakusyushisetsu/karafuto_museum.html
北海道、「樺太に関する資料について」、https://www.city.wakkanai.hokkaido.jp/kyoiku/kakusyushisets u/karafuto_museum.html
（以上、２０２３年９月閲覧）

なお、樺太について学ぶための書籍ガイドとしては、本書所収「樺太ブックレビュー」（樺太・紙の記念館Ｄ「外から見た樺太像」）も併せて参照されたい。

工藤 信彦（くどう のぶひこ）

1930年、樺太大泊町生まれ。北海道大学文学部国文科卒。北海道立札幌南高等学校、藤女子高等学校、成城学園高等学校、アルザス成城学園で教鞭を執り、成城学園教育研究所長で定年退職。社団法人全国樺太連盟理事を経て、現在に至る。

著書『日本文学研究資料叢書・高村光太郎・宮沢賢治』（有精堂）、『明解日本文学史』（三省堂）、『書く力をつけよう』（岩波ジュニア新書）、『現代文研究法』（共著、有精堂）、『講座日本現代詩史』（共著、右文書院）、『現代詩の教え方』（共著、右文書院）、『現代詩の解釈と鑑賞事典』（共著、旺文社）、『わが内なる樺太　外地であり内地であった「植民地」をめぐって』、『職業としての「国語」教育』（石風社）、『樺太覚書』（北大スラブ・ユーラシア研究センター）その他多数。

松田 晃（まつだ こう）

1964年、福岡県生まれ。1980年、成城学園高等学校にて工藤信彦氏の担任のもと指導を受ける。早稲田大学大学院理工学研究科（物理）修士。1990年より株式会社NTTデータに勤務。専門はITサービスマネジメント。

「樺太・紙の記念館」にむけて
——記憶を歴史に

二〇二四年五月一日初版第一刷発行

著　者　工藤信彦
編　者　松田　晃
発行者　福元満治
発行所　石風社
福岡市中央区渡辺通二―三―二十四
電　話　〇九二（七一四）四八三八
ＦＡＸ　〇九二（七二五）三四四〇
http://sekifusha.com/

印刷製本　シナノパブリッシングプレス

＊表示価格は本体価格。定価は本体価格プラス税です。

中村　哲

ペシャワールにて〔増補版〕　癩《らい》そしてアフガン難民

数百万人のアフガン難民が流入するパキスタン・ペシャワールの地で、ハンセン病患者と難民の診療に従事する日本人医師が、高度消費社会に生きる私たち日本人に向けて放った痛烈なメッセージ　**【8刷】１８００円**

中村　哲

ダラエ・ヌールへの道　アフガン難民とともに

一人の日本人医師が、現地との軋轢《あつれき》、日本人ボランティアの挫折、自らの内面の検証等、血の吹き出す苦闘を通して、ニッポンとは何か、「国際化」とは何かを根底的に問い直す渾身のメッセージ　**【6刷】２０００円**

中村　哲

医は国境を越えて

＊アジア太平洋賞特別賞

貧困・戦争・民族の対立・近代化——世界のあらゆる矛盾が噴き出す文明の十字路で、ハンセン病の治療と、峻険な山岳地帯の無医村診療を、十五年にわたって続ける一人の日本人医師の苦闘の記録　**【9刷】２０００円**

中村　哲

医者 井戸を掘る　アフガン旱魃《かんばつ》との闘い

＊日本ジャーナリスト会議賞受賞

「とにかく生きておれ！　病気は後で治す」。百年に一度といわれる最悪の大旱魃に襲われたアフガニスタンで、現地住民、そして日本の青年たちとともに千の井戸をもって挑んだ医師の緊急レポート　**【14刷】１８００円**

中村　哲

辺境で診《み》る 辺境から見る

「ペシャワール、この地名が世界認識を根底から変えるほどの意味を帯びて私たちに迫ってきたのは、中村哲の本によってである」（芹沢俊介氏）。戦乱のアフガニスタンで、世の虚構に抗して黙々と活動を続ける医師の思考と実践の軌跡　**【6刷】１８００円**

中村　哲

医者、用水路を拓く　アフガンの大地から世界の虚構に挑む

＊農村農業工学会著作賞受賞

養老孟司氏ほか絶讃。「百の診療所より一本の用水路を」。百年に一度といわれる大旱魃と戦乱に見舞われたアフガニスタン農村の復興のため、全長二五・五キロに及ぶ灌漑用水路を建設する一日本人医師の苦闘と実践の記録　**【9刷】１８００円**

＊表示価格は本体価格。定価は本体価格プラス税です。

アンナ・チェルヴィンスカ-リデル［著］
田村和子［訳］

窓の向こう　ドクトル・コルチャックの生涯

〝子どもと魚には物事を決める権利はない〟――そんなポーランドの厳格なユダヤ人家庭に育ったコルチャック少年は、なぜ子どもたちのために孤児院を運営する医師となり、ともにガス室へと向かう運命を辿ったのか

1500円

三毛《サンマウ》［著］　妹尾加代［訳］

サハラの歳月

その時、スペインの植民地・西サハラは、モロッコとモーリタニアに挟撃され、独立の苦悩に喘いでいた――台湾・中国で一千万部を超え、数億の読者を熱狂させた破天荒・感涙のサハラの輝きと闇。アメリカ、イギリス、イタリアなどでも翻訳出版

2300円

三毛《サンマウ》［著］　間ふさ子／妹尾加代［訳］

三つの名を持つ少女　その孤独と愛の記憶

『サハラの歳月』の姉妹編にして世界で初めて編まれた三毛の自伝的物語――幼少期に受けた教師からの虐待、不登校、読みふけるほど夢中になった文学、恩師となる画家との出会い。虐待から再生へ、魂を揺さぶる孤独な少女の心の旅路

1800円

大嶋　仁

科学と詩の架橋

科学を絶対とする近代文明に詩を取り戻せるか。シモーヌ・ヴェイユ、レヴィ＝ストロース、寺田寅彦、岡潔、宮沢賢治――五人の思想家をめぐる知の探究。諸悪の根源はデカルト!?

2500円

工藤信彦

わが内なる樺太　外地であり内地であった「植民地」をめぐって

一九四五年八月九日、ソ連軍が樺太に侵攻。戦争終結後も戦闘と空爆は継続され多くの民衆が犠牲となった。十四歳で樺太から疎開した少年の魂が、樺太の歴史を通して国家とは何かを問う

2500円

工藤信彦

職業としての「国語」教育　方法的視点から

こんなに濃密で知的刺激に充ちた国語の授業があったのだ。国語の力とは書く力のことである。日本語という文字を言葉として記すことのできる力である。個性育成、主体性重視を、生徒にのみ求める概念論は論外

1800円

＊読者の皆様へ　小社出版物が店頭にない場合は「地方・小出版流通センター扱」とご指定の上最寄りの書店にご注文下さい。なお、お急ぎの場合は直接小社宛ご注文下されば、代金後払いにてご送本致します（送料は不要です）。